Karl Knortz

Folklore

unikum

Karl Knortz

Folklore

ISBN/EAN: 9783845722924
Erscheinungsjahr: 2012
Erscheinungsort: Bremen, Deutschland

www.unikum-verlag.de | office@unikum-verlag.de

Bei diesem Titel handelt es sich um den Nachdruck eines historischen, lange vergriffenen Buches. Da elektronische Druckvorlagen für diese Titel nicht existieren, musste auf alte Vorlagen zurückgegriffen werden. Hieraus zwangsläufig resultierende Qualitätsverluste bitten wir zu entschuldigen.

Karl Knortz

Folklore

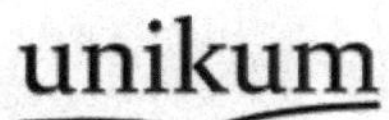

Folklore

Von

Karl Knortz
(Evansville, Indiana)

Mit dem Anhange:

Amerikanische Kinderreime

Dresden
Druck und Verlag der Druckerei Glöß
1896

Vorbemerkung.

Die vorliegende Schrift ist aus einem Vortrag hervorgegangen, den ich in der hiesigen Hochschule vor einem zahlreichen Publikum gehalten habe.

Die derselben beigegebenen amerikanischen Volks- und Kinderreime sind von mir im Staate New-York und Indiana gesammelt worden; die wenigsten davon dürften bis jetzt im Druck erschienen sein.

Evansville, Indiana,
Mai 1895.

Karl Knortz.

I.

Unter dem 1846 zum ersten Male in England gebrauchten und seitdem von allen civilisirten Ländern adoptirten Worte „Folklore“ versteht man die gesprochene oder gesungene Literatur des gemeinen Mannes, welche dessen Philosophie, Religion und Poesie enthält und ihm auf die mannigfachen Fragen des täglichen Lebens eine seinen Kenntnissen entsprechende Auskunft giebt.

Der Mensch hat zu aller Zeit versucht, die zahlreichen Naturereignisse auf ihre Ursachen zurückzuführen; da er sich dabei jedoch nicht auf die Ergebnisse der exakten Wissenschaften stützen konnte, so hat er sich stets auf seine lebhafte Phantasie verlassen, deren Antworten ihn, sobald sie sich des allgemeinen Beifalles erfreuten, zum Schöpfer der nationalen Civilisation, Mythologie oder Religion machten. Folklore ist also die Quintessenz der Gedankenarbeit eines ganzen, von der Kultur noch unbeleckten Volkes, wozu nun in diesem Falle nicht nur nur die Aboriginer und altfränkischen Leute, sondern auch alle Kinder der Erde gehören; denn auch Letztere beleben alle Dinge, mit denen sie in Berührung kommen, mit ihrer Phantasie. Ihr Glaube ist ebenso grenzenlos und versetzt ebenso leicht Berge, wie jener der Naturvölker; Unmöglichkeiten kennt er nicht. Daß der heilige Nikolaus oder, wie die Deutsch-Pennsylvanier sagen, der Pelznickel, am Weihnachtsabend von Dach zu Dach hüpft und durch den Schornstein springt, um seine Geschenke abzuliefern, geht nach kindlicher Anschauung ebenso natürlich und einfach zu, wie das Eierlegen des Osterhasen.

Die ursprünglichen Gebräuche eines Volkes erleiden allerdings Modifikationen, sobald dasselbe von einem stärkeren unterdrückt oder damit verschmolzen wird, ganz und gar aber verschwinden sie doch nicht von der Bildfläche, sondern leben, wie die Erfahrung zeigt, noch Jahrhunderte, ja Jahrtausende in irgend einer Form weiter, wenn auch mit der Zeit der eigentliche Sinn derselben verloren geht. Das Studium dieser aus Märchen, Sagen, Sprüchwörtern, Redensarten, Liedern und Gebräuchen bestehenden Ueberreste bildet nun die Aufgabe der Folkloristen.

Das ungebildete Volk ist schon deshalb konservativ, weil es meist vom Weltverkehr abgeschlossen ist und daher seine herkömmlichen Gewohnheiten nicht so leicht abschleift, auch wenn dieselben weder mit der herrschenden Religion, noch mit den Landesgesetzen harmoniren. Die so erhaltenen Gewohnheiten und Gebräuche bilden nun den Schlüssel zur Urgeschichte eines solchen Volkes, sodaß also die Folklore, welche sich damit zu beschäftigen hat, einen interessanten Theil der Kulturgeschichte bildet, der besonders deshalb von Wichtigkeit ist, weil er Dinge zur Sprache bringt, die viel weiter zurück reichen, als alle geschriebenen Dokumente.

Besonders ist in Amerika das sich dem Folkloristen eröffnende Gebiet ein außerordentlich ergiebiges und ausgedehntes. Da haben wir zuerst die Indianer mit ihren mannigfachen, phantasiereichen Märchen, Fabeln und religiösen Anschauungen; dann die Neger, Voodoo und Creolen, deren Erzählungen überraschende Verwandtschaft mit denen Afrikas und Europas aufweisen; dann die Chinesen, Zigeuner, Holländer, Irländer, Italiener und Deutsch-Pennsylvanier, deren Gebräuche und Lieder uns interessante Auskunft über ihre ursprüngliche Herkunft und ihre nationalen Eigenthümlichkeiten geben.

Wir wollen nun hier zur Einleitung die Unterabtheilungen der Folklore kurz skizziren und an einigen Beispielen erläutern und dann zur speziellen Betrachtung einiger der in Amerika verbreitetsten Gebräuche, Lieder und Spiele übergehen.

Da der Mensch früher infolge seiner mangelhaften Kenntnisse ganz und gar von den Wirkungen der Naturkräfte abhängig war, so betrachtete er dieselben je nach ihrem Charakter als freundlich oder feindlich und personifizirte sie. Dasselbe thut natürlich auch der ungebildete Mensch der Jetztzeit noch. Wenn der Donner rollte, so glaubten die Griechen, daß dieses Geräusch durch das Rasseln des Wagens Jupiters hervorgerufen werde, und noch viele deutsche Bauern sagen heute beim Losbrechen eines Gewitters, daß Petrus im Himmel Kegel schiebe. Die Dakota-Indianer halten den Donner für das Rauschen der Flügel eines großen Vogels, und die Kamtschadalen sagen zur Erklärung des Blitzes, daß Gott überflüssige Kohlen aus dem Himmel werfe.

Nach der Ansicht der Schoschonen besteht der Himmel aus einer Eisdecke. Wenn dieselbe im Sommer schmilzt, entsteht Regen; im Winter fällt der Eisstaub als Schnee herab. In Schottland sagt man. bei einem Schneefall: „Die Leute des Ostens rupfen ihre Gänse", und in Amerika sangen früher die Kinder:

„Old mother Reese
Is picking her geese."

In Deutschland glaubt man, die Schneeflocken entständen dadurch, daß Frau Holle ihr Bett schüttle und die Bauern der Lahngegend behaupten, daß sich Bäcker und Müller schlügen und der Schnee der Mehlstaub wäre, der Beiden dabei aus den Kleidern fahre.

Fast jedes Volk hat eine eigene Erklärung für die Flecken im Monde. Die Hottentotten erzählen darüber Folgendes:

„Der Mond hatte einst ein Insekt zu den Menschen geschickt, um ihnen zu sagen, daß so, wie er sterbe, sie auch sterben und dann, wie er, wieder weiter leben würden. Auf dem Wege dahin begegnete ihm nun ein schnellfüßiger Hase und erbot sich, diesen Auftrag auszuführen. Aus der Antwort, die er zurückbrachte, ersah der Mond jedoch, daß der Auftrag verkehrt ausgerichtet worden war, was ihn so wüthend machte, daß er dem Hasen mit einem Schlage die Nase spaltete. Dieser zerkratzte ihm nun dafür das Gesicht so gründlich, daß man die Flecken noch heute darauf sehen kann."

Wie der Engländer Clodd in seinem Buche „The Childhood of the World" erzählt, schüttelte einst ein Eskimojüngling einem Mädchen seines Stammes im Dunkeln die Schultern, um ihm dadurch nach Landesgebrauch seine Liebe zu gestehen. Es schwärzte nun seine Hände schnell mit Ruß und schlug ihm, als er diese Prozedur zum zweiten Male wiederholte, ins Gesicht. Da nun jener Eskimojüngling der Mond gewesen war, so kann man die Folgen seiner Liebeserklärung noch heute an ihm wahrnehmen.

Die im Himalaya-Gebirge wohnenden Khasias erzählen zur Erklärung der Mondflecken, daß sich der Mond jeden Monat einmal in seine Schwiegermutter verliebe, die ihm dann zur Abschreckung jedesmal Asche in das Gesicht werfe. Die Buddhisten auf Ceylon sehen im Monde einen Hasen, den der Weise von Asien seiner Frömmigkeit und Uneigennützigkeit wegen auf jenen Nachtstern versetzt hatte, um so alle Menschen an diese Tugenden zu erinnern. Die Salisch-Indianer des amerikanischen Nordwestens sind der Ansicht, daß der große Flecken auf dem Monde eine Kröte sei; dieselbe soll nach ihrer Sage deshalb dorthin geflohen sein, um der Werbung eines Wolfes zu entgehen.

Im Talmud wird erzählt, daß, als der Teufel aus dem Himmel geworfen wurde, er auf Gott zu spucken versuchte; der Speichel traf jedoch den Mond und befleckte ihn bis auf den heutigen Tag.

In Deutschland glaubt man auf dem Monde einen Mann mit einem Reisigbündel zu sehen; dieser hatte dasselbe an einem Sonntage gesammelt und war dann wegen Verachtung der Religion auf ewig in den Mond verpflanzt worden.

Hören wir nun, was die skandinavische Mythologie über die Entstehung der Mondflecken zu berichten hat.*

Mani, der Mond, stahl einst zwei Kinder und trug sie in den Himmel; dieselben hießen Hjuki und Bil. Sie hatten Wasser aus dem Byrgir-Brunnen geholt und ihren Eimer an eine auf ihren Schultern ruhende Stange gehängt. Diese Kinder sind nun heute noch mit Stange und Eimer auf dem Monde zu sehen. Dieses Märchen erinnert uns nun lebhaft an den überall bekannten amerikanischen Kindervers:

„Jack and Jill went up a hill
To fetch a pail of water;
Jack fell down, and broke his crown,
And Jill came trumbling after."

Die Namen der Wasserträger Hjuki und Bil kommen nun in der Snorra-Edda (Gylfis Verblendung) vor und bedeuten „zunehmend" und „abnehmend", womit auf die Mondphasen hingedeutet wird; der Erste ist nun von Engländern und Amerikanern in Jack, und der Letztere in Jill umgetauft worden.

---

* Baring-Gould, Myths of the Midde Ages.

Im Erdbeben sehen die Karaiben ein seiner Seltenheit wegen überaus freudiges Ereigniß, denn sie sagen alsdann, ihre Mutter Erde fange an zu tanzen und fordere sie auf, ein Gleiches zu thun. Die Eingeborenen von Celebes sind der Ansicht, daß die Erde auf einem Schweine ruhe und daß, sobald sich dieses an einem Baum reibe, das Erdbeben entstünde.

Die nordamerikanischen Indianer halten die Milchstraße für den Weg der Geister; die Friesen nennen sie den Kuhweg und sagen zur Erklärung, daß die rothen Kühe, welche Nachts über denselben wandelten, ihre Milch verlören, womit das deutsche Sprüchwort: „Rothe Kühe geben auch weiße Milch“ in Verbindung stehen dürfte.

Da jedes Naturvolk zur Fristung seiner Existenz mehr oder minder auf die Thierwelt angewiesen ist und in beständigem Verkehr mit derselben lebt, so hat es genügende Gelegenheit, die körperlichen und geistigen Eigenschaften der einzelnen Geschöpfe zu studiren. Weil nun das Thier unleugbar Verstand hat, so liegt der Gedanke nahe, daß es von der Seele eines Menschen bewohnt wird, und deshalb findet sich auch der Glaube an die Seelenwanderung bei fast allen Naturvölkern vor. So kannten sogar civilisirt sein wollende Leute noch heute Thiere, deren plötzliches Erscheinen Glück oder Unglück im Gefolge hat.

Auffallende Naturerscheinungen sind als die Hauptursachen des Geister- und Gespensterglaubens zu bezeichnen. So mag z. B. ein leicht bewegliches Irrlicht oder ein einsam stehender, phosphoreszirender Weidenbaum zu der vielverbreiteten Sage vom glühenden Manne, der Nachts zur Strafe für seine Verbrechen ruhelos umherwandern muß, Veranlassung gegeben haben. Oft auch hat dieser Nachtwandler eine glühende Kette oder Stange in der Hand, um Land zu messen, da er während seines Lebens den Grenzstein versetzt und dadurch das Eigenthum seines Nachbars geschmälert hatte. Diese Sage wird auch von den deutsch-pennsylvanischen Bauern erzählt*; auch Hölty thut derselben in seinen Gedichten: „Das Feuer im Walde“ und in „Ueb' immer Treu und Redlichkeit“ Erwähnung. In Letzterem heißt es:

---

* P. 33 vol. II Journal of American Folk-lore

„Der alte Kunz war bis ans Grab
Ein rechter Höllenbrand;
Er pflügte seinem Nachbar ab
Und stahl ihm vieles Land.
Nun pflügt er als ein Feuermann
Auf seines Nachbars Flur
Und mißt das Land hinab, hinan
Mit einer glüh'nden Schnur.
Er brennet wie ein Schober Stroh
Dem glüh'nden Pfluge nach
Und pflügt und brennet lichterloh
Bis an den jüngsten Tag."

Zur Bannung der bösen Geister und Vernichtung ihres Einflusses, sowie zur Heilung unerklärlicher Krankheiten oder zur Abwehr von Unglücksfällen brauchen noch heute in den Städten sowohl, wie auf dem Lande gewisse als Zauberer verschrieene Leute allerlei Sprüche, deren Aufzeichnung insofern für die Folkloristen von Interesse ist, als sie ihm auch in verderbter, durch die herrschende Religion beeinflußter Fassung doch noch Anhaltspunkte genug liefern, um ihr Verhältniß zur altgermanischen Mythologie festzustellen. Selbst in einigen Liedern, deren sich die Kinder bei ihren Spielen bedienen, begegnen wir Wendungen, die sicher darauf schließen lassen, daß sie alten Zaubersprüchen entstammen.

Wenn im Frühjahr der Saft in die Bäume tritt, gehen in Deutschland die Knaben in den Wald und schneiden junge Weiden ab, um sich aus der Rinde derselben Flöten zu machen. Um nun die Rinde leichter abziehen zu können, klopfen sie eine Zeit lang mit einem Stocke darauf und singen dabei folgendes, mir aus meiner Kindheit in der Erinnerung gebliebenes Liedchen:

„Saft, Saft, Seide,
Hinter unsrer Heide,
Hinter unsrem Glockenhaus
Gucken drei Marien heraus.
Die eine spinnt Seide,
Die andre wickelt Weide,
Die dritte macht ein Thürchen auf,
Läßt die liebe Sonne heraus."

Die drei spinnenden Marien, sonst auch Puppen und Schwestern genannt, sind die drei heidnischen Nornen Urd, Verdandi und Skuld, welche den Schicksalsfaden der Menschen spinnen. „Mit der Weide richten", oder „die Weide drehen" hieß früher, wie Grimm bemerkt, so viel wie tödten.

So wenig nun die deutschen Knaben heute noch den Ursprung ihres Weidenliedchens kennen, so wenig dürfte den schottischen Kindern die Geschichte des bei einem gewissen Spiele gebrauchten Spruches bekannt sein:

„Tappie, tappie, tousie,
Will you be my mon?"

Derselbe ist nämlich einem längst vergessenen Gebrauche entsprungen, nach welchem ein Freigeborner, der sich seiner Feinde nicht erwehren konnte, sich unter den Schutz eines mächtigen Herrn flüchtete und dessen „Mann" wurde.

In England und in einigen Oststaaten Amerikas nennt man die Abendglocke curfew. Dieses Wort ist französischen Ursprungs und wurde durch die Normannen mit dem Gebrauche, durch die Kirchenglocke Abends die Leute zum Bedecken des Feuers aufzufordern, nach England gebracht.

Fastnachtsdienstag heißt auf Englisch: „Shrove-Tuesday". Die erste Silbe ist vom angelsächsischen scrifan (beichten) abgeleitet, weil an genanntem Tage gewöhnlich die Beichte abgehalten wurde. War dieselbe vorüber, so aß Jeder, der daran Theil genommen hatte, ein speziell für diesen Festtag bereitetes, den deutschen Krebbeln ähnliches Gebäck, und deshalb heißt noch heute in einigen Stadttheilen Londons die Thurmglocke, die am Beichttage geläutet wird, pancake-bell.

Auch die Mythen und die daraus entstandenen Märchen von Riesen, Zwergen, Stiefmüttern, Menschenfressern, Dümmlingen, Allerweltswissern, verzauberten und unverzauberten Jungfrauen gewähren einen höchst interessanten Einblick in die Ideenwelt eines Volkes, besonders, wenn man sie mit den Varianten eines andern vergleicht, denn wahrhaft erstaunlich ist es, welch mannigfaltige Gestaltungen ein und dasselbe Märchen auf seiner Weltwanderung annehmen kann.

Nach dieser etwas aphoristisch gehaltenen Einleitung wollen wir dann zur näheren Betrachtung einiger der bekanntesten Erscheinungen auf dem Gebiete der amerikanischen Folklore übergehen und dabei gelegentlich auch die verwandten Züge der deutschen Volkstradition streifen.

II.

Es mag sich der Musiklehrer in der Schule die redlichste Mühe geben, seinen Schülern die anziehendsten, von allgemein anerkannten Tondichtern komponirten Lieder meisterhaft beizubringen, und alle Ursache haben, mit den erzielten Resultaten zufrieden zu sein, niemals aber wird er die Freude erleben, daß diese Lieder auch außerhalb der Schule von der Jugend gesungen werden.

In der Schulstube sind die Kinder Schüler, die dem Willen des Lehrers unbedingten Gehorsam entgegenzubringen haben: auf der Straße, im Felde oder Walde sind sie frei und folgen nur ihren eigenen Gesetzen. Dort sind sie nichts als Kinder; die Lieder, die sie dann singen, und die Spiele, an denen sie sich dann erquicken, entsprechen ihrem Frohsinn und ihrem Beschäftigungstriebe weit mehr, als alle ihnen von den Erwachsenen aufgedrungenen Erheiterungsmittel, die selten oder nie dem wahren kindlichen Bedürfnisse entgegenkommen.

Als Fröbel nach passenden Beschäftigungen für die Schüler seines Kindergartens suchte, studirte er erst die kindliche Natur und deren Bedürfnisse sorgfältig, und es gelang ihm auch so ziemlich, seine Gaben und Spiele demgemäß einzurichten; als er sich jedoch daran machte, den Kindern auch Lieder zu schaffen, lieferte er solche didaktische und schwer verständliche Produkte, daß sie sich nur dabei langweilten. Er wußte allerdings, daß zum Wachsen und Gedeihen des Kindes Spiele, Lieder und Märchen ebenso nothwendig seien, wie Nahrung und Kleidung; auch hatte er die redlichste Absicht, Gemüth und Phantasie des Kindes zu beschäftigen, doch er vergaß, die im Freien so heiter und gern gesungenen Lieder einem gründlichen Studium zu unterwerfen und die passendsten für seinen Zweck zu bearbeiten. So wenig, wie ein Schul- oder Kirchenlied jemals zum Volkslied geworden ist, so wenig hat sich das im Kindergarten auf Kommando gesungene Lied im eigentlichen Kinderleben eingebürgert. Ja, da, wo ein Kirchenlied auf der Melodie eines Volksliedes beruht, ist Letzteres ganz und gar in Vergessenheit gerathen.

Das Kind hat seine eigene Welt und kennt die Anforderungen und Gesetze derselben ganz genau; wer da altklug versucht, es eines Besseren belehren zu wollen, reißt es aus allen seinen Himmeln und wartet vergeblich auf Dank.

Die Kinderlieder sind die natürlichen Erzeugnisse der Kleinen selber; sie bilden häufig den Kommentar zu ihren Spielen, und wenn auch Beide, Spiel und Lied, ihren Ursprung fremden, den jetzigen Kindern unverständlichen Ursachen verdanken, so haben sie doch ihren alten Zauber behalten und üben denselben noch heute wie zur Zeit ihrer Entstehung aus.

Der Lehrer gebe sich die erdenklichste Mühe, dem Kinde Moralgrundsätze einzuimpfen und darauf hinzuweisen, daß das Gute belohnt und das Böse bestraft werde; er wird dadurch nie einen solchen tiefen und überzeugenden Eindruck auf den Schüler machen, als wenn er ihm z. B. das Märchen von Schneewittchen, Aschenbrödel oder Rothkäppchen erzählt und daran den Sieg der gerechten Sache zeigt. Alsdann giebt er dem Kinde, was des Kindes ist; er beschäftigt dessen Phantasie und flößt ihm ein nie trügendes Gefühl für Recht und Unrecht ein.

Die Wunderwelt ist die natürliche Sphäre des Kindes; wer ihm diese vorzeitig zerstört, dem wäre besser, um ein biblisches Wort zu gebrauchen, er würde mit einem Mühlstein am Halse in das tiefste Meer geworfen. Wer sich bei der Erinnerung an seine Jugendzeit nicht mehr freuen kann und wessen Herz so versteinert ist, daß er den heiteren und unschuldigen Spielen der Kinder theilnahmslos zuschaut, der ist eigentlich nie so recht Kind gewesen und hat, um das strenge Wort eines deutschen Gelehrten anzuführen, nicht verdient, alt geworden zu sein.

Auch wer da vornehm die Nase über scheinbar unsinnige Kinderreime rümpft und diese womöglich durch hausbackene Moralverse zu verdrängen sucht, der kennt die kindliche Natur nicht; denn dieselbe läßt sich nichts aufzwingen, was sich nur für Erwachsene eignet. Wer das Kind auffordert, Gefühle und Anschauungen zu äußern, die seinem Innern fremd sind, der treibt es aus seinem Paradiese und verleitet es zur Heuchelei und Duckmäuserei. Zur Erlangung dieser zeitgemäßen und lohnenden Tugenden werden ihm späterhin schon genug Fingerzeige und Rathschläge gegeben werden.

Kinderlieder ertönen überall, wo Kinder sind. Die in England und Amerika beliebteste und bekannteste Sammlung solcher Lieder führt den Titel: „Mother Goose's Melodies", deren erste Ausgabe 1719 zu Boston gedruckt wurde. Diese „Mutter Goose" aber gehört durchaus nicht, wie die meisten Leser ihres Büchleins glauben, in das Reich der Fabel; auch ihr Name ist nicht einmal ein fingirter, denn sie hieß in Wirklichkeit Elizabeth Goose und wurde im Jahre 1665 zu Charleston in Massachusetts geboren. Ihr Mädchenname war Forster. Im Jahre 1692 heirathete sie den Kaufmann Isaac Goose in Boston, einen Wittwer, der zehn lebendige Kinder hatte, und da durch diese Verbindung die Zahl der Kinder allmählich auf sechzehn erhöht wurde, so durfte Frau Goose ihren Reimen, für die sie stets Zuhörer hatte, den Vers beifügen:

„There was an old woman who lived in a shoe,
She had so many children, she didn 't know what to do."

Aber es scheint ihren zahlreichen Gänslein niemals an Brod gefehlt zu haben, und daß keines derselben die gute Laune verlor, dafür wußte sie schon durch ihre originellen Liedlein zu sorgen.

Eine ihre Töchter heirathete den Bostoner Buchdrucker Thomas Fleet, und als sich dessen Familie ebenfalls zu vermehren begann und Frau Goose inzwischen Wittwe geworden war, lud er diese in sein Haus ein, um dort ihr gewohntes Geschäft als erfahrene und erfolgreiche Kinderwärterin fortzusetzen. Nicht nur die Kinder Fleets, sondern auch der Vater selber freute sich an ihren Reimen so herzlich, daß er dieselben aufschrieb und als Büchlein herausgab, was wohl in der ganzen Literaturgeschichte der einzige Fall gewesen sein dürfte, daß ein junger Ehegatte die Verse seiner Schwiegermutter verlegte und ihr dadurch zu einem beneidenswerthen Weltruf verhalf. Frau Goose muß übrigens auch sonst eine exemplarische Schwiegermutter gewesen sein und sich von ihren Kolleginnen, die in der Folklore durchaus keine rühmliche Rolle spielen, vortheilhaft unterschieden haben; dafür genoß sie auch das seltene Glück, sich bis zu ihrem 92. Lebensjahre einer ausgezeichneten Gesundheit und einer nie fehlenden Heiterkeit des Gemüthes zu erfreuen.

Die erste Ausgabe ihres Werkchens führt den Titel „Songs for the Nursery; or, Mother Goose's Melodies for Children. Printed by T. Fleet, at his Printing House, Pudding Lane, 1719. Price two coppers."

Auf dem Titelblatte dieser Ausgabe befindet sich ein grober Holzschnitt, der eine Gans mit weitgeöffnetem Schnabel vorstellt, gleichsam, als wolle dieselbe ihre Reime mit lauter Stimme aller Welt vorschnattern. Ob die alte Dame mit diesem anzüglichen Bilderschmuck zufrieden war oder nicht, darüber weiß die Literaturgeschichte nichts zu melden; sicherlich wird sie den darin enthaltenen Spott, der auf keinen Fall beabsichtigt war, mit demselben Gleichmuth, wie ihre übrigen Widerwärtigkeiten hingenommen haben.

Die mir vorliegende, aus dem Jahre 1851 stammende Ausgabe unserer „Melodies" zeigt den alten Gansholzschnitt nicht mehr; dafür ist sie mit dem Bilde der Verfasserin geschmückt. Dieselbe ist eine dralle Person von untersetzter Statur; sie hockt auf einem Sessel mit hoher Rückenlehne und blickt die Leser mit ernsten, klugen Augen an. Ihre hohe, weiße Haube verleiht ihr ein matronenhaftes Aussehen; doch scheint sie noch im besten Alter zu stehen und sich einer Rüstigkeit zu erfreuen, die ein langes Leben in Aussicht stellt. Man sieht ihr an, daß sie schon manche ungezogene Range zur Ruhe gebracht hat, und zwar nicht immer mit einem heiteren Liede. Vor ihr steht eine große Hauskatze, die sich an ihrem Rock streichelt und durch einen krummen Buckel andeutet, daß sie sich in ihrer Nähe wohl befindet. Sie hat sich vielleicht vorher geputzt, um gutes Wetter anzuzeigen, und Frau Goose hat sich deshalb in ihren Sonntagsstaat geworfen, denn bei gutem Wetter bleibt selten Besuch aus. In früheren Zeiten gab es nämlich noch keine öffentlichen Wetterbureaux, und da mußte man sich nach anderen Anzeichen richten, die sich, was Zuverlässigkeit betrifft, von unseren heutigen wissenschaftlichen Prophezeiungen nicht wesentlich unterschieden.

Die amerikanischen Neger glauben allerdings, daß die Katze durch ihr Waschen Regen anzeige; allein diese schwarzen Herren sind leider in der Kultur noch weit zurück und überhaupt noch so schrecklich abergläubisch, daß ihrer Auffassung dieser Frage keine

Bedeutung beigelegt werden kann. Möglich ist es immerhin, daß die Katze auf die angedeutete Weise die Neger zum Narren halten will, denn sie ist stolz und hat ausgebildete Anlagen zu einer Aristokratie, was sich vielleicht auf die historische Thatsache zurückführen läßt, daß sie früher den Wagen der Göttin Freya zog. Auch galt sie bei den Aegyptern als heiliges Thier; in Kanada glaubt man noch heute, daß schwarze, weiße und graue Katzen Glück bringen.

Früher hielt man die Katzen für zauberkundige Thiere und gebrauchte allerlei von ihr stammende Dinge zu sympathischen Heilzwecken. Noch an vielen Orten Deutschlands sagt heute der Bauersmann zu seinem Sohne, indem er über die Beule, die sich derselbe an den Kopf gefallen oder gestoßen hat, mit der Hand streicht:

„Heile, heile Katzendreck,
Morgen früh ist Alles weg!"

Weil nun die Katzen mit der Zauberei in naher Verbindung stehen, so konnten auch früher die Hexen Katzengestalt annehmen. Unter einer Hexe verstand man aber in alten Zeiten eine weise Frau, die beim heidnischen Gottesdienste im heiligen Hain oder Hag thätig war und die infolge ihres Wissens in hohem Ansehen stand; allein das unpoetische Christenthum hat sie und alle alten Götter zu einer wenig beneidenswerthen Existenz verurtheilt und aus der ehemals geachteten Hagbewohnerin (hagese) eine verabscheuungswürdige Hexe (englisch: hag) gemacht. Auch in England standen früher die Hexe und der Zauberer auf Grund ihrer besonderen Kenntnisse in hohem Ansehen; wie denn auch auch die Wörter witch und wizard von dem Verbum to wit (wissen) abgeleitet sind.

Man nennt die Katze, um noch einmal auf dieselbe und ihre Bedeutung für die Folklore zurückzukommen, gewöhnlich falsch; zahlreiche Märchen beweisen jedoch, daß die freundliche Behandlung derselben Glück im Gefolge hat. So wird z. B. von dem englischen Waisenknaben Dick Whittington erzählt, daß er auf einer Reise nach Indien Schiffbruch litt und sich dabei mit seiner ganzen Habe, einer Katze nämlich, aus Ufer rettete. Als er nun vor den indischen König gerufen wurde und alle Aussicht hatte, als unerwünschter Eindringling sein Leben zu verlieren, nahm er seine Katze in den von Ratten und Mäusen wimmelnden Gerichtssaal mit. Dieselbe räumte mit diesen gefräßigen Nagethieren bald auf, was den Fürsten so sehr freute, daß er diesem so überaus nützlichen und ihm bisher unbekannten Thiere huldreichst den Generalfeldmarschallstitel und dem Besitzer desselben ein einträgliches Ministeramt verlieh, sodaß dieser späterhin mit fabelhaftem Reichthum nach England zurückkehren und daselbst als Mylord Cat ein sorgenfreies Dasein führen konnte.

Wenn in einigen Gegenden Deutschlands eine Braut am Hochzeitstage gutes Wetter hat, so sagt man, sie habe die Katze gut gefüttert; denn daß die Katze das Wetter macht, scheint einmal feststehende Thatsache zu sein. Selbst die Matrosen sind dieser Ansicht. Eine Katze an Bord soll Unglück bringen; she has a gale in her tail" heißt es sprüchwörtlich. Wer eine Katze ärgert, hat nach Ansicht der sizilianischen Schiffer Sturm zu erwarten. Die Frauen in einigen Gegenden Englands halten gewöhnlich eine schwarze Katze im Hause; solange diese bei ihnen bleibt, haben ihre die See befahrenden Männer kein Unglück zu befürchten.

In die Gesellschaft der Mutter Goose aber paßt die Katze noch aus einigen anderen Gründen. Sie gilt als Sinnbild der Häuslichkeit und Reinlichkeit, und diese edlen Eigenschaften müssen auch unserer Dichterin nachgerühmt werden. Häuslich wird sie schon deshalb gewesen sein, weil ihre große Familie ihr nicht viel Zeit zu Kaffeevisiten, zum Herumschnüffeln in Ellenwaarenhandlungen und zur Betheiligung an den Versammlungen christlicher Betschwestern gelassen hat; und was die Reinlichkeit anbelangt, welche das halbe Leben bildet, so ist sie, wie ihr Anzug auf dem Bilde beweist, sicherlich eine eifrige Verehrerin derselben gewesen.

Man rühmt der Katze ferner nach, daß sie neun Leben besitze, und nennt daher das Leben eines zähen, nicht umzubringenden Menschen ein Katzenleben. Eines solchen Lebens hat sich nun auch Frau Goose erfreut, denn sonst hätte sie bei ihren sechzehn Kindern und ungezählten Enkeln und Enkelinnen nicht das hohe Alter von 92 Jahren erreicht.

Auch wird sich die Katze schon deshalb zur Mutter Goose hingezogen gefühlt haben, weil diese eine Hexe, d. h. eine weise Frau war, was ja auch ihre Reime zur Genüge beweisen. Sie führt uns darin unter Anderem das rührende Beispiel eines liebevollen Ehemannes vor, der sein Bett verkaufte und auf Stroh schlief, nur damit er seiner guten Gattin einen Spiegel anschaffen konnte. Sie warnt die Kinder vor der Nähe des Feuers und erzählt ihnen die Geschichte des unglücklichen Generals Monk, der durch Nichtbeachtung ihrer Warnung ein jammervolles Ende fand; sie zeigt uns die Verkehrtheit der Welt an der Kuh, die über den Mond hüpfte, und an dem Teller, welcher dem Löffel nachlief. Sie führt uns einen heirathslustigen Jüngling vor, der seiner Braut verspricht, daß er, sobald er König geworden sei, seine Knechte und Mägde streng anhalten wolle, schon um vier Uhr morgens aufzustehen, damit seine Königin desto länger schlafen könne. Ein anderer verliebter Jüngling, mit dem uns Mutter Goose bekannt macht, versucht eine Jungfrau dadurch zu ködern, daß er ihr vorredet, im Ehestande das Eßgeschirr zu waschen, die Schweine zu füttern und überhaupt alle häuslichen Arbeiten zu verrichten, nur damit sie den ganzen Tag auf einem Sammtkissen sitzen und Erdbeeren mit Zucker essen könne. An Hans Sachsens Schlaraffenland erinnert ihr kurzer Reim vom König Boggen, der eine Halle baute, deren Dach aus Pfannekuchen und deren Thüren und Fenster aus Pudding bestanden.

Daß die Schneider furchtsame Leute sind, wird fast in allen von ihnen handelnden Liedern erwähnt; auch Mutter Goose liefert einen Beweis dafür, indem sie uns vierundzwanzig Ritter von der Nadel vorstellt, die auf die Jagd nach einer Schnecke gegangen waren und Reißaus nahmen, sobald dieselbe ihre Hörner ausstreckte.

Wie melancholisch und sentimental klingt doch die Erzählung von den zwei traulich auf einem Steine sitzenden Vögeln, die aber so hartherzig waren, fortzufliegen und den armen Stein allein zu lassen! Welchen Respekt flößt uns der Knabe ein, der eine Pflaume ißt und dabei ausruft: „What a good boy am I!“

Ja, dies sind Reime, die wie die des Struwelpeters den Kindern von 7 bis 77 Jahren gefallen und die sie viel schneller und lieber auswendig lernen, als die frömmsten Lieder des goldschnittgezierten Kirchengesangbuchs.

Singen hält, wie die Kanadier sagen, die bösen Geister ab; auch Heine läßt deshalb die Kinder im Dunkeln singen, um sie von ihrer Angst zu befreien. Singen und Bezaubern hat im Lateinischen (cantare) eine und dieselbe Bedeutung; im Englischen wird Ersteres durch „to chant“ und Letzteres durch „to enchant“ ausgedrückt.

Dr. Hermann Dunger sagt, auf Raumer fußend, in seinem reizenden Werkchen „Kinderspiele und Kinderlieder aus dem Voigtlande“ (2. Auflage, Plauen 1894): „Eine sinnvolle Sage berichtet uns von dem Hohenstaufen Friedrich II., er habe einige Kinder aufziehen, aber nie in ihrer Gegenwart sprechen lassen, um zu erfahren, ob und welche Sprache sie von selbst reden würden; sie mußten aber sterben, fügt der alte Chronist hinzu, da man sie nicht mit Liedern einschläferte und eine solche unmenschliche Stille unerträglich ist.“

Ein Sprüchwort sagt: „Der Kinder Weinen lehrt die Mutter singen“, und es ist wunderbar, wie die junge Mutter, die seit Jahren keine Wiegenlieder mehr gehört hat, auf einmal so viele zu singen weiß, ohne vorher deshalb Privatunterricht genommen zu haben. Die Griechen nannten derartige Lieder Bankalemata; eines derselben hat z. B. Theokrit seiner Alkmene in den Mund gelegt.

Merkwürdig ist es nun, daß die englische Volksliteratur so erstaunlich arm an derartigen Liedchen ist. Newell giebt in seinem verdienstvollen, von großem Sammelfleiß zeugenden Werke „Songs and Games of the American children“ kein einziges; auch Frau Goose hat nur eins zu verzeichnen, nämlich das allgemein bekannte:

„Bye, baby bunting,
Daddy 's gone a hunding,
To get a little hare 's skin,
To wrass a baby bunting in.“

Ein anderes, ausschließlich in Amerika verbreitetes Wiegenlied heißt nach mündlicher Mittheilung:

„Rock abye baby upon the tree top,
When the wind blows, the cradle will rock,
When the bough breaks, the cradle will fall,
Down comes the baby, cradle and all.“

Es wird behauptet, daß dies das erste in Amerika entstandene Lied sei. Als die ersten Pilgrime in Neuengland gelandet waren, sahen sie einige mit Erdbeerpflücken beschäftigte Indianerinnen, welche während dieser Arbeit ihre kleinen Kinder an Baumästen befestigt hatten. Wenn der Wind wehte, so schaukelten diese Naturwiegen hin und her. Einem jungen Engländer kam nun dieser Anblick so überraschend vor, daß er ihn in obigen Versen verewigte.

Währenddem das deutsche Wiegenlied das sanfte Schaf anruft, wendet sich das englische an den Hasen, der übrigens überall ein Lieblingsthier der Kinder und besonders auf Ostern willkommen ist, weil er alsdann gefärbte Eier legt und diese seine alte Beschäftigung sogar in Amerika bis auf den heutigen Tag fortsetzt.

Von der altdeutschen Göttin Ostara, nach welcher das Osterfest seinen Namen führt, ist im Allgemeinen wenig bekannt; in der Edda wird sie nicht einmal erwähnt. Ihr Name weist uns auf den Osten, die Himmelsgegend der erwachenden Sonne hin, sodaß wir also in ihr eine Frühlingsgöttin zu vermuthen haben, welche durch ihre belebenden Strahlen die Erde aus dem Winterschlafe erweckt. Nach einem weit verbreiteten Glauben macht die Sonne am Ostermorgen beim Aufgange drei Freudensprünge, gleichsam, als ob sie sich selber freue, der Menschheit Glück verkünden zu können. Als das ihr geheiligte Thier galt der Hase, das Bild der Fruchtbarkeit.* Einer Sage** nach soll er früher ein Vogel gewesen und von der Göttin Ostara in einen Vierfüßler verwandelt worden sein; doch wurde ihm nach dieser Metamorphose die Kunst, Eier zu legen, nicht ganz vorenthalten, sodaß er sie wenigstens am Osterfeste ausüben kann.

Nach den von Chandler Harris („Uncle Remus“) gesammelten Fabeln der amerikanischen Neger ist der Hase außer der genannten Fertigkeit auch noch mit außerordentlicher Klugheit begabt, sodaß er die Rolle des schlauen Fuchses übernehmen kann; auch genießt er dadurch bei den Negern eine große Verehrung, daß sein rechter Vorderfuß, in der Tasche getragen, gegen allerlei Unheil schützt und sein getrockneter und pulverisirter Magen eine Arznei liefert, die alle Krankheiten verscheucht.

In Deutschland bäckt man noch heute auf Ostern Kuchen, welche die Gestalt eines Hasen haben und die sich daher bei den Kindern besonderer Beliebtheit erfreuen; so schmeckt ihnen auch das harte Brod, welches ihnen der Vater als Ueberbleibsel seines einfachen, auf dem Ackerfelde genossenen Mittagsmahles mit nach

---

* Ein Sprüchwort sagt: „Der Hase geht selbander zu Busch und kommt selbfünfzehner zurück.“

** P. 123 Folk-lore Journal. London 1883.

Hause bringt, noch einmal so gut, als das gewöhnliche, denn es ist ja Hasenbrod.*

Das Ei, um auf dasselbe zurückzukommen, ist ein uraltes Sinnbild der unzerstörbaren Lebenskraft, die zur rechten Zeit zum Vorschein kommt. Seine Schale ist weiß, wie das Winterkleid der Erde, unter dem sich die ewig schaffende Naturkraft birgt. Es ist ein Mikrokosmos, eine Welt im Kleinen, welche die vier Elemente repräsentirt, nämlich das Feuer durch den gelben Dotter und das Wasser durch das Eiweiß; die Luft befindet sich unter der Schale und Letztere selber stellt die Erde vor.

Daß das Ei den Ursprung der gesammten Schöpfung darstellt, zeigen auch die Bilder auf altägyptischen Baudenkmälern, die uns den Lichtgott und Weltbildner Ptah vorführen, wie er ein Ei auf einer Scheibe hin- und herrollt, es zerbricht und dann Sonne und Mond daraus hervorgehen läßt.

Wie der Osterhase dem Kinde Eier, so bringt der Storch ihm Brüder und Schwester; Letzteres aber nur in Deutschland, also in der Heimath der spekulativen Philosophie, woselbst schon die zarte Jugend über den Ursprung alles Seienden nachgrübelt. In Amerika haben die Kinder die Frage der mythischen Herkunft ihrer Geschwister bis jetzt noch nicht erörtert; auch ist daselbst bis jetzt noch kein Storch erschienen, um ihre etwaige Wißbegierde zu befriedigen.

Die Ankunft des ersten langbeinigen und langschnäbeligen Frühlingsboten wurde noch im vorigen Jahrhundert an einigen Orten Deutschlands vom Thurmwächter mit Posaunenblasen begrüßt. Die Bewohner genehmigten ihm dann gern einen freien Ehrentrunk für diese frohe Botschaft, und die Kinder sangen bei seinem Erscheinen:

„Storch, Storch, guter,
Bring' mir einen Bruder!"

oder auch:

„Storch, Storch, bester,
Bring' mir eine Schwester!"

In einigen Gegenden singen sie auch statt der ersten Zeile:

---

* In Braunschweig und Thüringen singen die Kinder auf Ostern folgendes, mir mündlich mitgetheiltes Liedchen:

„Wenn's Ostern ist, wenn's Ostern ist,
Dann schlacht mein Vater ein' Bock;
Dann tanz ich, dann tanz ich,
Dann krieg ich ein' rothen Rock."

„Storch, Storch, Luder",
was allerdings keine höfliche Anrede ist, aber vom Storch nicht übel genommen wird, weil sich das anstößige Wort auf „Bruder" reimt und auch nicht so böse gemeint ist. Der Storch kennt nämlich die Gesinnungen der Menschen so genau, daß er niemals auf dem Dache eines Hauses, das von Zänkern und Krakehlern bewohnt ist, sein Nest aufschlagen würde. Auch ist er zauberkundig, was schon daraus hervorgeht, daß er in den Fabeln häufig als rettender Arzt auftritt; daß er Glück bringt, weiß jeder Sachse, der da behauptet, daß es dem Mann, der den ersten Storch im Frühling erblickt und der dabei zufällig Geld in der Tasche hat, im ganzen Jahr nicht an den nöthigen Groschen fehlen wird. Daß er das Haus, auf das er sein Nest gebaut, gegen Feuer und Blitz schützt, weiß jeder deutsche Bauer, weshalb er ihm dadurch Quartier anbietet, daß er ihm ein altes Wagenrad als Grundmauer für sein Nest auf das Haus- oder Scheunendach legt.

Selbst in Arabien hält man den Storch für einen heiligen Vogel, denn er baut mit Vorliebe sein Nest auf eine Moschee und klappert von derselben seine Andacht zum Himmel hinauf. Seiner Wichtigkeit und hohen Bedeutung ist er sich wohl bewußt, und deshalb marschirt er auch gewöhnlich so gravitätisch und ehrfurchtgebietend dahin. Philander von Sittewald äußert sich darüber: „Zu Ende des Sees stund ein Storch, der suchte Frösche und Eidechsen und that gehen mit aufgerichtetem Haupt und langsamen, reputirlichen Schritten, als wäre er aus denen grandibus des königlichen Hofes in Spanien."

Aber der am Ufer des Sees hin- und herstolzirende Storch sucht nicht nur nach Fröschen und Fischen, sondern auch nach Kindern, und sobald er eins erblickt, watet er mit seinen langen Beinen in das Wasser, nimmt es sorgfältig in seinen weitgeöffneten Schnabel und fliegt damit zu der Frau, die es bei ihm bestellt hat. Eigentlich handelt er hier im Auftrag der Frau Holle, die als Wotans Gattin den Namen Frigga oder Freya führt und als Göttin des häuslichen Glückes den jungen Frauen gerne eine freudige Ueberraschung bereitet.

Sind die Wiegenlieder der Mutter verklungen, dann dauert es nicht lange, bis der kleine Weltbürger versucht, selber sein Sangesbedürfniß zu befriedigen. Als unverfälschter Optimist, dem das Leben rosig lacht, drückt er seine Gefühle nur in heiterer, kräftiger Dur-Tonart aus, denn für das schwermüthige Moll fehlt ihm infolge seiner engbegrenzten Erfahrung und Menschenkenntniß noch das richtige Verständniß. Das häuslich gesinnte Mädchen singt vom richtigen Geschäfte des Kuchenbackens; es zählt die sieben Sachen auf, die dazu gehören und klatscht bei der Nennung jedes Bestandtheiles laut die Hände zusammen. Der Knabe steckt sich einen Stock zwischen die Beine und reitet, ein frisches Liedlein trällernd, in der Stube herum. Ist er etwas größer geworden, sodaß man es riskiren kann, ihn mit einer Hose zu bekleiden, dann sagt der süddeutsche Vater:

„Christian
Hat Hosen an,
Hat sechsundzwanzig Knöpfe dran,
Hätt' er keine Knöpfe dran,
Hieß er auch nicht Christian!"

— nein, sicherlich nicht, denn dann wäre er ein Mädchen und brauchte die vielen Zierknöpfe an der Hose nicht.

Findet der gute Vater, wenn er müde von der Feldarbeit nach Hause gekommen ist, Thränen in den Augen seines Söhnleins, so nimmt er es freundlich auf seine Kniee, läßt es auf- und abhopsen und spricht dabei:

„Troß, troß, trüll,*
Der Bauer hat ein Füll,
Füllchen will nicht laufen,
Der Bauer will's verkaufen,
Troß, troll, trüll!"

Will das Kind nicht ruhig sein, so ruft die hessische Mutter:

„Troß, troß trull,
Es kommt der Abt von Fuld!"

und diese Drohung bleibt selten ohne den gewünschten Erfolg. Jenem geistlichen Herrn wird allerdings dadurch kein Kompliment gemacht, daß man ihn als einen kinderstrafenden Wütherich hinstellt; aber die Geistlichen der deutschen Dörfer werden, was wohl noch ein Nachklang des heidnischen Abscheus vor denselben sein dürfte, weniger geachtet, als gefürchtet, sodaß ihnen jeder Bauer gerne aus dem Weg geht.

---

* „Trossen" heißt laufen und „trüll" (drill) munter. Beide Wörter sind dem nassauischen Volksdialett entnommen.

Wenn, wie ich mich aus meiner im preußischen Lahnthale verlebten Kindheit erinnere, ein Knabe am Sonntage lärmte, so wurde ihm gewöhnlich gesagt, daß, wenn er nicht gleich ruhig sei, der Pfarrer käme und ihm Nägel in den Kopf schlüge; dies hatte natürlich zur Folge, daß die Kinder den Pfarrer, der einer solchen Scheußlichkeit fähig war, für den leibhaftigen Beelzebub ansahen und sich nicht in seine Nähe wagten.

Von deutschen Kinderreimen haben sich nur wenige in Amerika erhalten; in der zweiten Generation der Deutschamerikaner verschwinden sie gewöhnlich ganz und gar und machen englischen Liedlein Platz. Nur im Lancaster-, Lehigh- und Berks-County Pennsylvaniens, woselbst man einer sehr „gemixte Längwidsch juhst", hört man noch einige aus der Pfalz stammende, mit englischen Wörtern vermischte Verslein; denn dort heißt es: „Wie der Vater gethu hot, so thu ich aach!"

A. R. Hörne hat in seinem sonderbaren Buche „Pennsylvania German Manual"* (Kutztown 1875) mehrere dieser Lieder abgedruckt, darunter auch das folgende:

„De lädi von d'r rutsch,
Wenn se fahre will, hat se ken kutsch,
Wenn se reide will, hat se ken gaul,
Wenn sie lafe muß, i's se zu faul!"

Diesen Vers führe ich deshalb an, weil er lebhaft an das von Dr. Dunger mitgetheilte voigtländische Kinderlied erinnert:

„Ich will dir was verzälen
Von der alten Frälen,
Von der alten Frälen von Rutsch,
Die wollt fahr'n und hat ka Kutsch."

Was in Deutschland der Maikäfer, ist in Amerika der Sonnenkäfer** (coccinella) für die Kinder. Ersterer wird auf den Finger gesetzt und dann so lange dabei gesungen, bis er fortfliegt. Das älteste und bekannteste der bei dieser Gelegenheit ertönenden Liedchen heißt:

„Maikäfer flieg,
Der Vater ist im Krieg,
Die Mutter ist im Pulverland,
Pulverland ist abgebrannt!"

---

* Siehe darüber und über verschiedene Gebräuche der Deutsch-Pennsylvanier mein Buch: „Aus der alten und neuen Welt." München 1893.

** Auch Marien- und Hergottskäfer genannt.

In Hessen singen die Kinder:

„Maikäfer flieg,
Es kommen drei von Gießen,
Die wollen dich erschießen",

und in anderen Gegenden:

„Maikäfer, fliege weg,
Dein Häuschen brennt,
Dein Mütterchen flennt."

Aehnlich singt das amerikanische Kind, um den Marienkäfer (lady bug) durch Hinweisung auf die Lebensgefahr seiner Angehörigen zum Fliegen zu bewegen:

„Lady bug, lady bug, fly away home,
Your house is on fire, and your children will burn."*

Jeder Gegenstand fordert entweder die Satyre oder das Lob des Kindes heraus. Wenig Sympathie bringt es dem Lehrer entgegen, der es seiner Freiheit beraubt und mit dem Stocke zu Arbeiten zwingt, die ihm eine Qual sind, sodaß es, besonders bei dem ihm verhaßten Rechenunterricht, mit Mutter Goose seufzt:

„Multiplication
Is vexation,
And division drives me mad."

Auf jeden Finger wird ein Reim gemacht; die Bewegungen der verschiedenen Handwerker, wie Hufschmiede, Schneider, Schreiner usw. werden im Takte nachgeahmt und mit passenden Liedlein begleitet, sodaß wir in diesen Spielen gewissermaßen kleine Kinderopern vor uns haben.

Die meisten dieser Kinderspiele sind von hohem Alter. Sie sind aus Europa importirt und hier aus leicht begreiflichen Gründen mit der Zeit amerikanisirt worden, jedoch so unwesentlich, daß ihr eigentlicher Ursprung noch deutlich zu erkennen ist.

Die direkt aus Deutschland stammenden Kinderspiele sieht man nur noch in einigen Counties von Pennsylvanien und in gewissen Straßen von New-York und Milwaukee; im Allgemeinen

---

* Aehnlich singen die französischen Kinder:

„Vole au firmament bleu,
Ton nid est en feu,
Les Turcs avec leur épée
Viennent tuer ta couvée.
Hanneton, vole, vole,
Hanneton, vole!"

aber bedienen sich die Nachkommen aller aus nichtenglischen Ländern eingewanderten Europäer der hier einmal eingeführten, aus England herübergebrachten Spiele, da sie dazu überall die nöthigen Kameraden finden und diesen Kindern das Interesse für die Gebräuche und Sprache ihrer im Auslande geborenen Eltern fehlt. Sie sind Amerikaner und wollen auch nichts Anderes sein.

Wie man nun hier in Amerika dann und wann in der Umgangssprache auf englische Wörter stößt, die noch ganz und gar in der Bedeutung, die sie zur Zeit Shakespeares hatten, gebraucht werden, die aber in England aus dem mündlichen und schriftlichen Verkehr verschwunden sind, so hört man auch hier zuweilen auf der Straße Kinderreime und sieht Kinderspiele, die in England, ihrer ursprünglichen Heimath, längst nicht mehr bekannt sind und Neuerem Platz gemacht haben. Eigentlich sollte man erwarten, daß sie dahier, als in einem demokratischen Lande, niemals festen Fuß gefaßt hätten, da sie aus feudalen und monarchischen Verhältnissen hervorgegangen sind und ihren entsprechenden Charakter beibehalten haben.

Diese Spiele sind natürlich ursprünglich von den Kindern nicht erfunden worden; sie sind einfach Nachahmungen wirklicher Vorgänge aus dem Leben Erwachsener. Da bemerken wir Spiele, die uns an die religiösen Gebräuche des Mittelalters erinnern; andere haben ihren Ursprung in alten Ritterspielen oder in kriegerischen Unternehmungen, denn wir sehen in den Bewegungen der Kinder deutlich die angreifende und die sich vertheidigende Armee, die Belagerung und Uebergabe der Festungen, sowie die Abführung der Gefangenen, die zum Zeichen ihrer Unterwerfung unter einem Joche, nämlich unter den erhobenen Händen, abmarschiren müssen. Diese Spiele sind also nicht, wie man bisher fälschlich glaubte, auf Bauerndörfern, sondern vielmehr an fürstlichen Höfen entstanden und haben von dort ihren Weg auf das Land gefunden, wie denn auch noch heutigen Tages die Bauern, besonders aber die deutschen, die Sitten und Gebräuche der Städter und Hofleute nachahmen.

Einige der mit Singen verknüpften Kinderspiele sind nichts Anderes, als dramatisirte Volksballaden, mit denen jeder Literarhistoriker bekannt ist. Wenn diese Spiele auch hinsichtlich ihres Inhaltes nicht mehr in die gegenwärtige Zeit, hauptsächlich aber nicht für amerikanische Zustände passen, so haben sie sich doch allen neueren Patentspielen, die man den Kindern mit aller Gewalt aufdrängen möchte, zum Trotz erhalten, und dies beweist zur Genüge, daß dieselben heute noch, wie vor hunderten von Jahren, das kindliche Bedürfniß befriedigen und seiner Phantasie Nahrung zuzuführen vermögen.

Währenddem andere Spiele zum nationalen Sport ausgeartet sind, dessen Virtuosen man in Wort und Bild verewigt und zu verdienstvollen Tageshelden stempelt, haben die althergebrachten Kinderspiele ihren ursprünglichen Charakter meist beibehalten, und gerade diesem Umstande verdanken sie ihr Leben und ihre Verbreitung. Einigen, denen der Stempel ihrer europäisch-feudalen Abstammung allzufest aufgeprägt ist, sind allerdings, als den Zeitgeist zu sehr beleidigend, außer Cours gesetzt worden, und andere haben sich leichte Aenderungen gefallen lassen müssen; allein dies ist überhaupt bei vielen volksthümlichen Gebräuchen der Fall, ohne daß dadurch eine fühlbare Lücke entstände. Geht es doch auch mit den deutschen Volksliedern so. Von denselben fristen heute nur noch die wenigsten auf dem Lande eine kümmerliche Existenz, denn die meisten sind mit dem Verschwinden der Fährleute und Handwerksburschen von der Straße verklungen. Außerdem beruhen auch viele auf Zuständen, die glücklicherweise längst der Vergangenheit angehören und hoffentlich niemals ihre Auferstehung feiern werden. Der Beschluß des nordamerikanischen Turnerbundes, den deutschen Turnvereinen in den Vereinigten Staaten die Pflege des deutschen Volksliedes ans Herz zu legen, war sicherlich gut gemeint, denn man glaubte dadurch das im Erlöschen begriffene Deutschthum etwas aufzufrischen; allein, wie die Erfahrung gezeigt, hat sich auch kein einziger Verein um diesen Vorschlag bekümmert.

Das deutsche Volkslied hört man in Amerika nur noch als musikalische Kuriosität in den Konzerten der Gesangvereine; dann und wann ertönt es auch noch auf Hochzeitsfesten und Kindtaufen deutscher Hinterwäldler, aber erst dann, wenn den Gästen durch die Leerung einiger Bierfässer wie ein Märchen aus uralten Zeiten das Gefühl aufdämmert, daß sie eigentlich doch gemüthliche, biedere Deutsche und keine trockenen Yankees vom Orden der Wassersimpel sind.

Gewisse Kinderspiele werden nur bei besonderen Gelegenheiten aufgeführt, wie z. B. der schon den Römern und Griechen bekannte, zu Ehren der Ceres und Flora abgehaltene Maitanz, der sich hauptsächlich in England und in einigen Gegenden des Staates New-York und Pennsylvanien erhalten hat. Dieser Maitanz gilt dort als ein Frühlingsfest, was ja auch seine ursprüngliche Bedeutung ist. Früher von jungen Leuten beiderlei Geschlechts aufgeführt, lebt der Maitanz nur noch als unschuldige Kinderbelustigung fort; doch sieht man von Jahr zu Jahr weniger davon.

Das in fast allen europäischen Ländern bekannte Kinderspiel „Three knights of Spain“* scheint sich heute noch überall in Amerika einer besonderen Beliebtheit zu erfreuen, trotzdem keinem Kinde die eigentliche Bedeutung desselben, nämlich eine mit allerlei Hindernissen verknüpfte Brautwerbung, die schließlich mit dem Raube der begehrten Dame endet, bekannt sein dürfte. In Spanien heißt dieses Spiel „die Gesandtschaft des maurischen Königs“.

In anderen Versionen treten drei Brüder, drei Soldaten, drei Matrosen und drei Kesselflicker auf, die jedoch von der Mutter als Brautwerber nicht zugelassen werden; diese Ehre widerfährt erst den drei Königen, die sich übrigens schließlich als Räuber entpuppen und die Tochter zurückbringen, nachdem sie dieselbe beraubt haben. Darauf läuft die Mutter hinter den Bösewichtern her, um sie für ihre Schandthat zu züchtigen.

Ueberhaupt beschäftigen sich viele der in Amerika verbreiteten Kinderspiele mit der wichtigen Frage des Heirathens und den damit verknüpften Umständen, wie z. B. mit der Farbe des Brautkleides. Wie in zahlreichen deutschen, so wird auch in einigen anglo-amerikanischen Volksliedern die Heirathslust der Mädchen drastisch hervorgehoben; eines derselben lautet:

„Whistle, daughter, whistle,
And I'll give you a sheep.“
„Mother, Jam asleep.“
„Whistle, daughter, whistle,
And I'll give you a cow.“
„Mother, I don 't know how.“
„Whistle, daughter, whistle,
And I'll give you a man.“
„Mother, now I can!“

Auch das alte Blumenorakel wird in Amerika zu Rathe gezogen, um auszufinden, ob der Zukünftige reich, arm, häßlich,

* Newell, Songs and Games of American children.

schön, alt oder jung sei; ob er Kaufmann, Arzt, Advokat, Indianer oder Dieb sei; ob er sich in Seide oder in Lumpen kleide und ob er ein Haus, eine Scheune und eine Kutsche habe.

Der weitgereiste amerikanische Folklorist J. C. Bolton theilt im zweiten Bande des „Journal of American Folk-lore“ folgendes ergötzliche Histörchen mit:

„Ein junger Beduine trug seine todte Mutter auf dem Kopfe durch den Gebirgspaß, welcher zum Berge Sinai führt. Ein Fremder, der ihm zufällig begegnete, fragte ihn, welche Last er da fortschleppe.

‚Meine Mutter‘, war die Antwort.

‚Gieb sie mir zur Frau!‘

‚Aber sie ist ja todt.‘

Trotzdem bestand der Fremde auf seiner Forderung.

Als der junge Beduine nichts mehr davon hören wollte, rief plötzlich die Todte: ‚Ja, ich will seine Frau werden!‘

‚Du kannst es ja nicht‘, erwiderte der Sohn, ‚du bist ja todt.‘

Darauf ward die Frau so zornig, daß sie ihrem Sohne die gemeinsten Schimpfwörter zurief, wodurch dieser so in Wuth gerieth, daß er sie einen hohen Abhang hinunterwarf und fortlief.“

In den Märchen der meisten Völker der Erde werden die Frauen als Urheberinnen alles Unglücks hingestellt, und nach der Art und Weise zu urtheilen, wie viele Frauen heute noch von ihren Männern behandelt werden, muß man zu der Ueberzeugung kommen, daß jenen Märchen selbst in sogenannten gebildeten Kreisen Glauben geschenkt wird.

Auch der Eigensinn der Frauen ist sprüchwörtlich geworden und hat zu unzähligen Redensarten, Satiren und humoristischen Erzählungen Veranlassung gegeben. Eine der in England und Amerika bekanntesten Redensarten lautet: „The grey mare is the better horse“ und hat folgenden Ursprung*:

„Ein junger Ehemann findet, daß seine Frau in allen streitigen Fällen das Recht auf ihrer Seite behauptet. Darüber in nicht geringer Besorgniß, beschwert er sich bei seinem Schwiegervater, welcher ihm vorschlägt, mit einem ihm zur Verfügung ge-

* H. Schrader, Der Bilderschmuck der deutschen Sprache. Berlin 1889.

stellten vierspännigen Wagen und einer größeren Anzahl Schock Eier eine Rundreise zu machen, und zwar in der Weise, daß er sich in den Familien erkundige, ob die Frau oder der Mann das Regiment führe. In ersterem Falle solle er der Frau ein Ei, im anderen Falle dem Mann ein Pferd geben. Wenn er bei seiner Nachhausekunft die vier Pferde verschenkt habe und noch Eier besitze, wolle er, der Schwiegervater, die Tochter zurück nehmen; entgegengesetzten Falles müsse der Herr Schwiegersohn sehen, wie er mit seiner jungen Frau durchkomme.

Der junge Mann ging auf den Vorschlag ein und begab sich auf seine Untersuchungsreise. Nachdem der große Eiervorrath schon bedenklich geschmolzen war, kommt er auf einen Meierhof und trägt der zunächst anwesenden Hausfrau seine Bitte vor. Hier ist nun endlich das sehnlichst Gesuchte gefunden, denn die Frau versichert, sich in Allem dem Willen des Mannes zu fügen, und ruft denselben zur Bestätigung ihrer Aussage herbei. Nachdem der Hausherr mit Vergnügen die Aussage seiner Gattin bestätigt hat, ersucht ihn der junge Ehemann höflichst, sich eines der vier Pferde zu wählen und als Eigenthum zu betrachten.

Nach genauer Prüfung des Gespannes entscheidet sich der Hausherr für einen starken, schönen Fuchswallach, während die Frau für eine Schimmelstute stimmt. Nach lebhaftem Hin- und Herstreiten, welches von beiden Pferden das bessere sei, entscheidet die Frau mit den Worten: ‚Das verstehst du nicht. Die Schimmelstute ist doch das bessere Pferd.‘

Der junge Mann, welcher dem Vorgang lächelnd zugehört, überreichte der ergebenen Ehehälfte ein Ei, und seitdem hat er nie wieder über seine bessere Hälfte zu klagen gehabt.“

Trotz des, wie es scheint, überall geltenden Pantoffelregimentes lassen sich doch auch die Herren der Schöpfung nicht vom Freien abhalten, und der pennsylvanische Quäker ist, wenn man einem alten Liedchen Glauben schenken will, sogar bereit, strenggläubiger Presbyterianer zu werden, wenn ihm dadurch nur die Dame seines Herzens die Hand zum Ehebunde reicht.

In Baiern sagt man, wie mir mündlich mitgetheilt wurde, von einem heirathslustigen Dorfjüngling: „Er geht dem größten Misthaufen nach“; denn er vergißt bei der Liebe das Praktische niemals und weiß, daß Bauern mit heirathsfähigen Töchtern und kleinen Misthaufen weder viel Vieh, noch viel Land besitzen.

Also es wird weiter gefreit, denn kein Mädchen sehnt sich nach dem Titel einer alten Jungfrau, und kein junger Mann beneidet den Junggesellen um seine Sorgenlosigkeit. Der Hagestolz aber, worunter man einen Mann versteht, der eine Familie reichlich ernähren kann, in der Verheirathung aber einen ihn entehrenden Akt erblickt, weshalb er sich und seinen Stolz einhegt — daher der Name — wird mit Recht so lange zu den Geisteskranken gezählt, bis er sich eines Besseren bekehrt, was aber selten, und wenn überhaupt, erst dann geschieht, wenn sich die Zeichen der zweiten Kindheit bei ihm einstellen. In München herrschte früher der Gebrauch, leeres Stroh vor die Wohnung alter Jungfern und Junggesellen zu streuen, um ihnen anzudeuten, daß sie, wie jenes Stroh, der Welt keine Körner, d. h. Nachkommen schenkten. Mit diesem Gebrauche steht der Name „Strohwittwer" in naher Beziehung, wie denn überhaupt das leere Stroh vielfach mit dem ehelichen Leben in Verbindung gebracht und zum Ausdruck der Entrüstung gebraucht wird. Wenn in gewissen Theilen Englands ein Mann seine Frau prügelt, wie das zuweilen vorkommen mag, dann streuen ihm die Nachbarn des Nachts leeres, zu Häcksel geschnittenes Stroh vor die Thüre, um ihm anzuzeigen, daß Jedermann davon wisse, wie er in seinem Hause „gedroschen" habe. Strohwische steckt man auch in einigen Gegenden Deutschlands den Frauen und Mädchen vor die Thüre, die sich keines guten Rufes erfreuen; mit einer ähnlichen Auszeichnung wird, beiläufig bemerkt, im Lahnthale das vernachlässigte Feld eines faulen Bauern geschmückt.

Doch kehren wir nun zu den mit Liedern verbundenen Bewegungsspielen der Kinder zurück. Das bekannteste und in ganz Amerika verbreitetste heißt: „The farmer in the dell"* und zählt die Dinge auf, die sich der Bauer, die Frau, das Kind, die Amme, der Hund, die Ratte usw. der Reihe nach genommen haben. Einer Reihe solcher handelnden Personen, Thiere und lebloser Naturgegenstände, die sich meistens feindlich gegenüberstehen, begegnen wir in den Volkserzählungen und Dichtungen fast aller Länder.**

* P. 129 Newell, Games and Songs of American children.

** P. P. 291 vol. III und p. p. 36 und 269 vol. IV Journal of American Folk-lore. — P. 49 Horne, Pennsylvania German-Journal. — P. 76 Dunger,

Das in Deutschland bekannteste Lied dieser Gattung fängt an:

„Es schickt der Herr den Jockel aus,
Er soll den Hafer schneiden."

Diesem Jockel eilt es jedoch mit der Ausführung seines Auftrages nicht, sodaß ihm der Hund nachgeschickt werden muß, um ihn zu beißen und ihn dadurch an seine Aufgabe zu erinnern. Auch Prügel, Feuer, Wasser, Ochse, Fleischer, Henker und Teufel, welche der Reihe nach auftreten, versäumen ihre Pflicht, sodaß der Herr schließlich selber einschreitet und Alle zwingt, die von ihnen verlangte Arbeit zu verrichten, wodurch die Lehre demonstrirt wird, daß es, wenn man etwas rechtzeitig und sicher gethan haben will, am rathsamsten ist, es selber zu thun. Auch ist darin angedeutet, daß jedes Geschöpf einen natürlichen Feind an einem andern hat und daß schließlich der Herr oder Schöpfer Aller Meister ist.

Das Vorbild des so urdeutsch klingenden Liedes vom hinausgeschickten Jockel ist uns in einem alten Passahliede erhalten, welches sich am Schlusse der jüdischen Hegada oder Liturgie befindet und das noch heute am Osterfeste zur Erinnerung an den Auszug aus Aegypten von den Israeliten gesungen wird. Es heißt „Das Zicklein" und lautet in deutscher Uebersetzung:

„1. Ein Zicklein, ein Zicklein, welches kaufte mein Vater für zwei Sus (Groschen); ein Zicklein, ein Zicklein.

2. Da kam die Katze und fraß das Zicklein, welches kaufte mein Vater für zwei Sus; ein Zicklein, ein Zicklein.

3. Da kam der Hund und biß die Katze, die fraß das Zicklein, welches kaufte mein Vater für zwei Sus; ein Zicklein, ein Zicklein.

4. Da kam der Stab und schlug den Hund, der biß die Katze, die fraß das Zicklein, welches kaufte mein Vater für zwei Sus; ein Zicklein, ein Zicklein.

5. Da kam das Feuer und verbrannte den Stab, der schlug den Hund, der biß die Katze, die fraß das Zicklein, welches kaufte mein Vater für zwei Sus; ein Zicklein, ein Zicklein.

Kinderlieder und Kinderspiele aus dem Voigtlande. 2. Auflage. — 1894. — P. 1—16 Cassel, Aus dem Lande des Sonnenaufgangs. Berlin 1885. — P. 251, I. Band, Scheffler, Die französische Volksdichtung und Sage, Leipzig 1884. — P. P. 73 und 77 Eskuche, Hessische Kinderliedchen. Kassel 1891. — P. P. 134, 167, 172 und 209 Newell, Games and Songs of American children. New-York 1883.

6. Da kam das Wasser und löschte das Feuer, das verbrannte den Stab, der schlug den Hund, der biß die Katze, die fraß das Zicklein, welches kaufte mein Vater für zwei Sus; ein Zicklein, ein Zicklein.

7. Es kam der Ochse und trank das Wasser, das löschte das Feuer, das verbrannte den Stab, der schlug den Hund, der biß die Katze, die fraß das Zicklein, welches kaufte mein Vater für zwei Sus; ein Zicklein, ein Zicklein.

8. Es kam der Schlächter und schlachtete den Ochsen, der trank das Wasser, das löschte das Feuer, das verbrannte den Stab, der schlug den Hund, der biß die Katze, die fraß das Zicklein, welches kaufte mein Vater für zwei Sus; ein Zicklein, ein Zicklein.

9. Es kam der Todesengel, der tödtete den Schlächter, der schlachtete den Ochsen, der trank das Wasser, das löschte das Feuer, das verbrannte den Stab, der schlug den Hund, der biß die Katze, die fraß das Zicklein, welches kaufte mein Vater für zwei Sus; ein Zicklein, ein Zicklein.

10. Es kam der Heilige, gelobt sei er, und schlachtete den Todesengel, der tödtete den Schlächter, der schlachtete den Ochsen, der trank das Wasser, das löschte das Feuer, das verbrannte den Stab, der schlug den Hund, der biß die Katze, die fraß das Zicklein, welches kaufte mein Vater für zwei Sus; ein Zicklein, ein Zicklein."

Die ursprüngliche Bedeutung dieses eigenartigen Liedes, das zu so zahlreichen Varianten Veranlassung gegeben hat, dürfte schwer nachzuweisen sein. Von den vielen Versuchen, die in dieser Hinsicht gemacht worden sind, scheint noch die von Probst von der Hardt ausgehende und von Dr. Dunger in seinem voigtländischen Kinderbuche mitgetheilte Erklärung die plausibelste zu sein. Nach derselben enthält es nämlich eine Darstellung der Schicksale des jüdischen Volkes, das die Reihe seiner Unterdrücker durchkosten muß, bis es der Herr erlöst, nach Jeremias 30, 16—17: „Es müssen Alle, die dich fressen, gefressen werden; Alle, die dich verwüsten, verwüstet werden; alle deine Feinde ins Gefängniß geführt werden; Alle, die dich berauben, will ich wieder berauben."

Die in Amerika verbreitetste Version dieser Geschichte führt den Titel: „The old woman and her pig" und lautet wie folgt:

„Eine alte Frau fand einstmals beim Kehren ihres Hauses ein Silberstück. ‚Was soll ich damit thun?' fragte sie sich; ‚ich will auf den Markt gehen und mir ein Schweinchen kaufen.'

Sie ging also wirklich auf den Markt und kaufte ein Schweinchen. Auf dem Heimwege ward das Schweinchen eigensinnig und wollte nicht über eine Zaunsteige gehen. Da sah sich die alte Frau um und bemerkte einen Hund. „Hund‘, rief sie, ‚beiße das Schwein; es will nicht über die Zaunsteige gehen und ich werde heute Abend nicht nach Hause kommen.‘

Aber der Hund that es nicht. Sie ging weiter und sah einen Stock. ‚Stock‘, sprach sie, ‚schlage den Hund, der Hund will das Schwein nicht beißen, das Schwein will nicht über die Zaunsteige gehen und ich werde heute Abend nicht nach Hause kommen.‘

Aber der Stock that es nicht. Sie ging weiter und sah ein Feuer. ‚Feuer‘, sprach sie, ‚verbrenne den Stock; der Stock will den Hund nicht schlagen, der Hund will das Schwein nicht beißen, das Schwein will nicht über die Zaunsteige gehen und ich werde heute Abend nicht nach Hause kommen.‘

Aber das Feuer that es nicht. Sie ging weiter und sah Wasser. ‚Wasser‘, sprach sie, ‚lösche das Feuer aus; das Feuer will den Stock nicht verbrennen, der Stock will den Hund nicht schlagen, der Hund will das Schwein nicht beißen, das Schwein will nicht über die Zaunsteige gehen und ich werde heute Abend nicht nach Hause kommen.‘

Aber das Wasser that es nicht. Sie ging weiter und sah einen Ochsen. ‚Ochse‘, sprach sie, ‚saufe das Wasser; das Wasser löscht das Feuer nicht, das Feuer verbrennt den Stock nicht, der Stock schlägt den Hund nicht, der Hund beißt das Schwein nicht, das Schwein geht nicht über die Zaunsteige und ich werde heute Abend nicht nach Hause kommen.‘

Aber der Ochse that es nicht. Sie ging weiter und sah einen Metzger. ‚Metzger‘, sprach sie, ‚schlachte den Ochsen; der Ochse säuft das Wasser nicht, das Wasser löscht das Feuer nicht, das Feuer verbrennt den Stock nicht, der Stock schlägt den Hund nicht, der Hund beißt das Schwein nicht, das Schwein geht nicht über die Zaunsteige und ich werde heute Abend nicht nach Hause kommen.‘

Aber der Metzger that es nicht. Sie ging weiter und sah einen Strick. ‚Strick‘, sprach sie, ‚hänge den Metzger; der Metzger schlachtet den Ochsen nicht, der Ochse säuft das Wasser nicht, das Wasser löscht das Feuer nicht, das Feuer verbrennt den Stock nicht, der Stock schlägt den Hund nicht, der Hund beißt das Schwein nicht, das Schwein geht nicht über die Zaunsteige und ich werde heute Abend nicht nach Hause kommen.‘

Aber der Strick that es nicht. Sie ging weiter und sah eine Ratte. ‚Ratte‘, sprach sie, ‚zerbeiße den Strick; der Strick hängt den Metzger nicht, der Metzger schlachtet den Ochsen nicht, der Ochse säuft das Wasser nicht, das Wasser löscht das Feuer nicht, das Feuer verbrennt den Stock nicht, der Stock schlägt den Hund nicht, der Hund beißt das Schwein nicht, das Schwein geht nicht über die Zaunsteige und ich werde heute Abend nicht nach Hause kommen.‘

Aber die Ratte that es nicht. Sie ging weiter und sah eine Katze. ‚Katze‘, sprach sie, ‚fange die Ratte; die Ratte zerbeißt den Strick nicht, der Strick hängt den Metzger nicht, der Metzger schlachtet den Ochsen nicht, der Ochse säuft das Wasser nicht, das Wasser löscht das Feuer nicht, das Feuer verbrennt den Stock nicht, der Stock schlägt den Hund nicht, der Hund beißt das Schwein nicht, das Schwein geht nicht über die Zaunsteige und ich werde heute Abend nicht nach Hause kommen.‘

Kaum hatte die Katze die Ratte erblickt, da versuchte sie auch schon, sie zu fangen. Nun begann die Ratte den Strick zu zerbeißen, der Strick begann, den Metzger aufzuhängen, der Metzger begann, den Ochsen zu schlachten, der Ochse begann, das Wasser zu saufen, das Wasser begann, das Feuer auszulöschen, das Feuer begann, den Stock zu verbrennen, der Stock begann, den Hund zu schlagen, der Hund begann, das Schwein zu beißen, das Schwein sprang in seiner Angst über die Zaunsteige und die alte Frau kam noch an jenem Abend nach Hause.“

Ein seit undenklichen Zeiten in England verbreitetes und auch bei den amerikanischen Kindern ungemein beliebtes Bilderbuch führt den Titel „The house that Jack built“ und zeigt ebenfalls die Reihenfolge einiger auf eine einzige Ursache zurückzuführender Handlungen. Da sehen wir zuerst das Haus, das Hans baute; dann das Malz, das in dem Hause war, das Hans baute; dann die Ratte, welche das Malz fraß, das in dem Hause lag, das Hans baute; dann die Katze, welche die Ratte tödtete, die das Malz fraß, das in dem Hause lag, das Hans baute; dann den Hund, welcher die Katze biß, die die Ratte tödtete, die das Malz fraß, das in dem Hause lag, das Hans baute; dann die Kuh, welche den Hund stieß, der die Katze biß, die die Ratte tödtete, die das Malz fraß, das in dem Hause lag, das Hans baute; dann die Magd, welche die Kuh molk, die den Hund stieß, der die Katze biß, die die Ratte tödtete, die das Malz fraß, das in dem Hause lag, das Hans baute; dann den jungen Mann, der die Magd küßte, die die Kuh molk, die den Hund stieß, der die Katze biß, die die Ratte tödtete, die das Malz fraß, das in dem Hause lag, das Hans baute; dann den Pfarrer, der den Mann traute mit der Magd, die die Kuh molk, die den Hund stieß, der die Katze biß, die die Ratte tödtete, die das Malz fraß, das in dem Hause lag, das Hans baute; dann den Hahn, der den Pfarrer weckte, der den Mann mit der Magd traute, die die Kuh molk, die den Hund stieß, der die Katze biß, die die Ratte tödtete, die das Malz fraß, das in dem Hause lag, das Hans baute; und schließlich sehen wir den Farmer, der das Korn pflanzt, das der Hahn fraß, der den Pfarrer weckte, der den Mann mit der Magd traute, die die Kuh molk, die den Hund stieß, der die Katze biß, die die Ratte tödtete, die das Malz fraß, das in dem Hause lag, das Hans baute.

So, nun dürften wir von derartigen Geschichten genug haben.

Das im Osten der Vereinigten Staaten populärste Kinderspiel heißt „London Bridge“. Zwei Kinder halten zur Darstellung der Brücke die Hände in die Höhe, lassen die anderen der Reihe nach durchkriechen und fangen dann jedesmal das letzte, das sich hinter eines der die Brücke repräsentirenden Kinder stellen muß. Dabei singen sie beständig die einfachen Worte: „London Bridge is falling down — falling down — falling down“, bis alle Kinder durchgekrochen und auf beide Seiten vertheilt sind. Nun umfassen sich die Kinder, und es wird von den zwei Parteien so lange hin und hergezogen, bis die Kette bricht, worauf dann das Spiel wieder von Neuem beginnt. In Frankreich nennt man das Spiel „Himmel und Hölle“, in Italien „Oeffne die Thüre“ und in Pennsylvanien „Die holländische Brücke.“

Doch wir wollen nun zu einem anderen Thema, zum Räthsel, übergehen. Das in der Neuzeit ziemlich vernachlässigte und als beschäftigter Müßiggang angesehene Räthsel bildete in alten Zeiten eine ernste Beschäftigung der ernstesten Männer, und von der richtigen Lösung hing nicht nur Ansehen und Erfolg, sondern mitunter sogar das Leben ab. Früher wurde durch das Räthsel oft tiefe Weisheit ausgedrückt, heute hingegen ist es zu einer leeren Spielerei herabgesunken und zum faden Wortwitz geworden.

Im alten Testamte sehen wir, daß Simson seinen Gästen ein allerdings unlösbares Räthsel aufgab, und da er daran schwere Bedingungen knüpfte, so mußten diese, um sich aus der Verlegenheit zu retten, ihre Zuflucht zur List nehmen. Dem König Salomo wird nachgerühmt, daß er außerordentliche Gewandtheit im Räthsellösen besessen habe.

In der altnordischen und angelsächsischen Dichtung wird dem Räthsel große Aufmerksamkeit geschenkt. So wird in der Herwara-Sage erzählt, daß einst Odin in Gestalt des blinden Gastes (gesto blindi) dem König Heidrek Räthsel aufgab und sich nicht wenig darüber wunderte, daß derselbe alle schnell zu beantworten wußte. So fragte er ihn unter Anderem:

„Wer sind die Beiden?
Zur Versammlung sie ziehen,
Haben mit einander
Der Augen drei,
Der Füße zehn;
So ziehen sie
Ueber Land hinweg."

Die Antwort lautete:

„Odin ist es,
Auf Sleipnir reitend,
Dem guten Pferde
Mit zweimal vier Beinen."

Dieses Räthsel hat sich mit einigen Veränderungen bis auf den heutigen Tag in Mecklenburg, Schleswig und Schwaben erhalten.

Unter den deutschen Räthselliedern, durch welche der Wirth den wahren Charakter seines fremden Gastes auskundschaften will, ist das älteste das sogenannte Tragemuntslied, welches aus dem zwölften Jahrhundert stammt. Auch das alte, vom Wartburgkrieg handelnde Gedicht ist hauptsächlich ein Wett- und Räthselgesang.

Viele der Zunftzeit angehörende Handwerksgrüße sind eigentlich Räthsel, durch die der Meister ausfindet, ob der zugereiste fechtende*

* Statt „fechten" sagten auch die Handwerksburschen „kloppen" oder „klopfen". Dieser Ausdruck rührt von dem Gebrauche her, an gewissen Festtagen, besonders auf Neujahr, an die Thüren der Häuser zu klopfen, Glück zu wünschen und dafür ein Geschenk zu begehren.

Geselle zu seiner Zunft gehört und zur Unterstützung berechtigt ist oder nicht.

Das Volksräthsel hat sich nur im Munde der Kinderwelt lebendig erhalten. Das älteste, von der Sonne und dem Schnee handelnde, lautet:

„Es flog ein Vogel federlos
Auf den Baum blattlos,
Da kam die Jungfrau mundlos,
Und aß den Vogel federlos
Auf dem Baum blattlos.“

Ein Anklang an dieses Räthsel, von dem wir eine lateinische Uebersetzung in einer aus dem Anfang des zehnten Jahrhunderts stammenden Reichenauer Handschrift besitzen, ist in dem von Horne mitgetheilten deutsch-pennsylvanischen Liedlein enthalten:

„De Son scheint,
's Vögle greint,
's hockt uf 'm Lade,
Und spint 'n lang'r Fade.
De gehl Fledermaus kumt
Un pickt 'm Vögle de Aage raus.“

Von dem selbst vielen deutsch-amerikanischen Kindern bekannten, die Kirsche bedeutenden Räthsel:

„Erst weiß wie Schnee,
Dann grün wie Klee,
Dann roth wie Blut,
Schmeckt allen Kindern gut“

besitzen die Schweizer eine allerliebste Version, deren Mittheilung ich mir nicht versagen kann:

„Es sitzt es Jümpferli uf em Baum,
Es hat am Röckli en rothe Saum,
Am Herze hät's ein harte Stein,
Sag, was es für ne's Jümpferli sei.“

Im Allgemeinen scheinen die amerikanischen Kinder der mit den Räthseln verknüpften Verstandesprobe keinen besonderen Geschmack abzugewinnen, und selbst in den neueren Ausgaben der „Mother Goose's Melodies“, in die man doch so vieles der ursprünglichen Verfasserin fremde Material aufgenommen hat, begegnet man nur wenigen Räthseln, und alle diese sind nachweisbar englischen Ursprungs.

Das deutsche, den Sarg betreffende Räthsel lautet in deutsch-pennsylvanischer Fassung:

„Wer es macht, der sagt es nicht,
Wer es nimmt, der kennt es nicht,
Wer es kennt, der will es nicht."

und bedeutet falsches Geld.

Die Räthselfrage: „Wer hat das Herz im Kopf?" beantworten die Deutsch-Pennsylvanier mit: „Der Krautkopf." Derselbe scheint sich überhaupt bei jenen Sauerkrautverehrern besonderer Beliebtheit zu erfreuen, und sie sagen daher auch: „Zwei Köpfe sind besser, als einer, wenn der andere ein Krautkopf ist."

Zu einem eigentlichen Volksliede hat es der Amerikaner bis jetzt noch nicht gebracht; auch scheint derselbe infolge seiner unmusikalischen Natur nicht einmal den Mangel eines solchen zu fühlen. Nur hin und wieder hört man in einer vom Weltverkehr abgeschlossenen Ansiedelung Liedchen, die deutlich ihren lokalen Ursprung verrathen, aber niemals über das Weichbild ihres Entstehungsortes hinaus gewandert sind, sodaß es selten einem Sammler gelingt, derselben habhaft zu werden.

Im vierten Bande des „Journal of American Folk-lore" wird auf die Lieder der unwissenden Bergbewohner Nordcarolinas, deren einziges Musikinstrument das Banjo ist, aufmerksam gemacht und außer einer schrecklichen Verballhornung der altenglischen Ballade „Barbara Allen" das Lied von „Liza Jane" mitgetheilt, welches für das populärste gilt. Dasselbe besteht jedoch nur aus zusammenhanglos aneinandergereihten Schnadahüpfeln, denen eine gewisse Originalität und Urwüchsigkeit nicht abgesprochen werden kann, wie folgende Proben zeigen:

„I wish I had a needle and thread,
As fine as I could see,
I 'd sew my true love to my side,
And down the road we 'd go.

I wish I was in heaven,
Sitting in a big arm-chair,
With one arm around a whiskey barrel,
And t'other around my dear."

Die einzigen für Musik, aber nicht für Poesie begabten Amerikaner sind die stets heiteren Neger, die, da sie ihre Sach' auf nichts gestellt haben, sich über alle irdischen Sorgen erhaben fühlen. Selbst das herbste Leid kann sie nur auf kurze Zeit ihrer guten Laune berauben; im Allgemeinen ficht es sie, wie weiland den Apostel Paulus, wenig an, ob sie stark oder schwach, hoch oder niedrig, reich oder arm sind, da sie der ihnen angeborene Optimismus zu Allem geschickt gemacht hat. Auch gleichen sie insofern den alten Philosophen, als sie gewöhnlich Alles, was sie besitzen, bei sich tragen. Dazu gehört nun vor allen Dingen ihre Nationalwaffe, ein Rasirmesser nämlich, mit dem sie, wenn sie von ihrem Erbleiden, der Eifersucht gequält werden, blutige Thaten verrichten, und dann eine Guitarre, Mandoline oder im Nothfalle auch ein Banjo. An Blasinstrumenten vergreifen sie sich schon deshalb nicht, weil man doch nicht zu gleicher Zeit blasen und singen kann und Letzteres doch ihre Hauptpassion bildet.

Ihre während der Sklaverei entstandenen Lieder, von denen mehrere Sammlungen existiren, sind allerdings von sehr ungleichem Werthe, lassen jedoch die natürliche Anlage der Neger für Musik deutlich erkennen, und seitdem sie ihre Freiheit erlangt, sind sie wahrhaftig nicht müßig gewesen, diese Anlage kunstgemäß auszubilden.

Die Texte ihrer Lieder sind fast ohne Ausnahme trivial und bestehen meist nur aus wenigen frommen Worten, welche die einzige geistige Nahrung bildeten, die ihnen in der Sklaverei erlaubt wurde. Oft werden die religiösen Gesinnungen auch mit weltlichen Dingen bunt zusammengewürfelt, wie folgendes originelle Beispiel zeigt:*

„Jesus died for you an' me,
Hang your bonnet on a tree;
If you want to save yo' soul,
Get yo' bonnet with a pole.

Waydown yonder to the sunrise,
The Devil thought he 'd forture me:
He burnt down my ole apple-tree,
Way down yonder to the sunrise."

So fleißig nun der Neger in die Kirche geht und ein so eifriger Christ er zu sein vorgiebt, so blindlings fröhnt er noch abergläubischen Gebräuchen, die theils auf seine ursprüngliche Heimath

* P. 295 vol. II Journal of American Folk-lore.

Afrika, theils auf seinen Umgang mit den Weißen des Südens zurückzuführen sind.

Das Ohrensausen legen sie wie die anderen Leute aus; um jedoch die schlimme Wirkung, welche das Sausen im linken Ohre hervorruft, zu neutralisiren, spucken die Neger in die Hand und machen das Zeichen des Kreuzes über das genannte Ohr. Als gewohnheitsmäßige Hühnerstehler sind sie fest überzeugt, daß ihnen der Hahn nicht freundlich gesinnt ist und daß sich derselbe ihnen zu Liebe sicherlich keine Unwahrheit zu Schulden kommen lassen würde. Haben sie nun einen ihrer Leute im Verdacht, einen Diebstahl begangen zu haben, so stecken sie einen Hahn in einen großen Topf, decken denselben zu und lassen ihn dann der Reihe nach von den Anwesenden berühren. Derjenige nun, bei dessen Topfberührung der Hahn kräht, ist unzweifelhaft der Dieb und muß das Gestohlene herausgeben oder ersetzen, denn Ausreden werden nach einem so klaren Schuldbeweise nicht angenommen.

Auch an Märchen und Fabeln ist der Neger überaus reich, wie die Sammlungen von Chandler Harris, Charles Jones und Mary Owen beweisen. Viele der darin mitgetheilten Geschichten sind auch in anderen Ländern, in Afrika, Brasilien und Rußland bekannt. Was in Indien und Afrika der Schakal, in Europa der Fuchs, in Brasilien die Schildkröte und in einem Theile Rußlands der Bär, das ist in der Negerfabel der Hase; ja, zahlreiche Fabeln der Harris'schen Sammlung unterscheiden sich nur dadurch von den in ganz Europa bekannten, daß darin einfach der Hase die Rolle des Fuchses übernommen hat. Jones theilt sogar Negerversionen der Märchen vom Doktor Allwissend und Blaubart mit; und die Neger in Texas haben, wie Newell berichtet, ein Spiel, das auf der Geschichte vom Dornröschen beruht.

Daß der Neger sich nicht derselben Geistesgaben erfreut, wie der Kaukasier, und auch infolgedessen nicht so leicht auf einen grünen Zweig kommt, erklärt er sich durch folgende, besonders in Louisiana verbreitete Sage:

„Als Gott die Neger, Chinesen und Indianer geschaffen hatte, war sein aus einem Erdklumpen bestehendes Rohmaterial aufgebraucht, sodaß er, da er noch zwei weitere Menschen hervorzubringen hatte, einen Schmetterling in einen Franzosen und eine Ameise in einen Engländer verwandeln mußte. Nun ist es klar, daß Leute, die aus einem gewöhnlichen Erdklumpen entstanden, sich nicht solcher Geistesgaben rühmen können, wie jene, die lebenden Wesen entsprungen sind. Daher kann man auch billigerweise nicht vom Neger erwarten, daß er seinen Weg so leicht durch das Leben findet, wie der Weiße.“ *

Je mehr sich die Völker noch im Naturzustand befinden, desto inniger ist ihr Verhältniß zur Thierwelt. Die Haidas in Britisch-Columbia erzählen, daß die Bären früher sprechen konnten und sich mit ihren Töchtern verheiratheten; viele Tetonen halten sich für verwandelte Thiere und handeln häufig dementsprechend.

Im Allgemeinen hat der amerikanische Junge nur insofern Interesse an den Thieren und Vögeln des Waldes, als ihm dieselben eine Zielscheibe für seine Schießübungen gewähren. Nur auf Neufundland wird der muntere Zaunkönig für einen heiligen, glückbringenden und daher zu schonenden Vogel angesehen; trotzdem aber wird er doch am Weihnachtstage gefangen, getödtet und auf eine Stange gesteckt, die dann singend und bettelnd von Haus zu Haus getragen wird. ** Dieser Gebrauch dürfte auf Irland zurückzuführen sein, woselbst man glaubt, daß der Zaunkönig am Weihnachtstage blind werde und deshalb auch getödtet und zur Bettelei benutzt werden dürfe. Aber auch zu jeder anderen Zeit gilt im katholischen Irland die Tödtung des Zaunkönigs für ein verdienstvolles Werk, da er der Sage nach einst den Trommler eines protestantischen Heeres geweckt und dadurch die Vernichtung desselben durch die Katholiken vereitelt hatte.

Die Ratten erfreuen sich nirgends der Sympathie der Menschen. Daß man sie aber dadurch zum Verlassen seiner Wohnung bewegt, daß man sie dazu höflichst in einem Briefe auffordert, dürfte doch neu sein. Und doch geschieht dies in einigen Staaten Nordamerikas. In einem solchen Briefe muß ihnen eine bessere und geeignetere Wohnung empfohlen und der Weg dahin genau beschrieben werden; außerdem muß dieser Brief dick mit Fett beschmiert sein, um die Ratten zum gründlichen Studium desselben zu ermuntern. Nach R. Chambers' Buch „Popular Rhymes of Scotland“ scheint in Schottland und auch in Irland ein ähnlicher Gebrauch zu existiren:

---

* P. 3 Annuaire de l'Institut Canadien de Québec. 1878.

** P. 143 vol. VI Journal of American Folk-lore.

im letztgenannten Lande muß jedoch ein solcher Brief, wenn er Erfolg haben soll, in Reimen abgefaßt sein, worauf auch Shakespeare in einer Stelle der zweiten Scene des dritten Aktes von „As you like it“ anspielt. Ein solcher Brief nimmt natürlich die Stelle einer z. B. in Frankreich gebräuchlichen Beschwörung der Ratten ein. Nun, man schreibt doch zuweilen Briefe, um sich unangenehmer Gesellen zu entledigen, und hat damit auch manchmal Erfolg, und da sehe ich nicht ein, warum man dieses Mittel nicht auch einmal, wenn auch nur versuchsweise, bei den Ratten anwenden sollte.

So sehr man auch über den sogenannten Aberglauben lächeln mag, die Thatsache läßt sich nicht bestreiten, daß derselbe immer noch verbreiteter ist, als man gewöhnlich in Ermangelung des näheren Verkehrs mit dem Volke anzunehmen pflegt; und jeder deutsche und deutsch-amerikanische Buchhändler wird mir sicherlich, wenn auch nicht zu seiner Freude, bestätigen, daß er Tausende von Traum- und Sympathiebüchern verkauft, ehe er ein Exemplar von Humboldts „Kosmos“ absetzt. Nicht nur die amerikanischen Aboriginer und Neger halten die Krankheiten für eine Einwirkung böser Geister, sondern leider auch noch viele Kaukasier, denn sonst könnten die unzähligen Wunderdoktoren, deren Anzeigen mitunter ganze Spalten in den Tagesblättern füllen, nicht existiren.

III.

Wir wollen nun einen in Indiana und einigen anderen Staaten verbreiteten abergläubischen Gebrauch etwas näher ins Auge fassen, folgenden nämlich: Wenn man einem weißen Pferde begegnet und benetzt das Innere seiner Hand mit Speichel, so wird Alles, was man sich alsdann wünscht, erfüllt.

Hier haben wir es also mit drei Dingen zu thun, mit einem weißen Pferde, einem Wunsche und Speichel, zu deren Erklärung ich allerdings etwas weit ausholen und mich auf das Gebiet der altdeutschen Mythologie begeben muß.

Die älteste Religion der Indogermanen war der Sonnenkult. Die Sonne war die Grundbedingung alles Lebens; ohne sie waren Welt und Menschen undenkbar. Der Sonnengott der Inder heißt Indra oder auch Surya. Ersterer trägt ein blaues, mit goldenen Sternen durchwirktes Gewand und haust auf dem Götterberge Meru, von dem er, sich auf den Regenbogen stützend, das Himalaya-Gebirge übersieht. Indra wird ferner im Rigveda als ein Gott geschildert, der den Armen beisteht, den Kriegern zum Siege verhilft und alle Frevler mit einem stets treffenden Pfeile tödtet. Sein Doppelgänger Surya zeichnet sich durch strahlendes Haupthaar aus und fährt auf einem leuchtenden, von gelben Rossen bespannten Wagen durch die Räume des Himmels. Auch nach slavischer Tradition fährt die Sonne auf weißen Rossen, wie denn überhaupt alle arischen Mythen darin übereinstimmen, daß sie die Sonne von feurigen Rossen ziehen lassen, weshalb auch früher allgemein die Pferde als heilige Thiere verehrt wurden.

Daß Wotan oder Odin der altgermanische Sonnengott war, darauf deuten zahlreiche Eigenschaften desselben hin. Wie der Tag nur ein Himmelslicht, so hat auch Wotan nur ein Auge; sein grauer, zerrissener Mantel stellt die Wolkendecke vor. Er ist allmächtig, allwissend und Alles durchdringend. Von seinem Hochsitze Hlidhskialf aus überblickt und lenkt er die Welt und verleiht seinen Getreuen das höchste Gut, nämlich den Sieg im Kampf. Er vereinigt alle Eigenschaften der übrigen germanischen Götter in sich, sodaß Letztere nur als Ausfluß seines Wesens anzusehen sind. Aus diesem Grunde werden ihm auch im Grímmirslied der älteren und in Gylfis Verblendung der jüngeren Edda zahlreiche Namen beigelegt. Infolge seiner proteusartigen Natur wird er Swigal, der Vielgestaltige, genannt; sein breitkrämpiger Schlapphut hat ihm den Namen Sidhöttr eingetragen. Als Walfater bereitet er seinen Helden nach dem Tode ein ihren Wünschen entsprechendes paradiesisches Leben, das aus ewigen Kämpfen, Essen und Trinken, also aus einer nur Edlen würdigen Beschäftigung besteht.

Da die alten Germanen in ihm den Inbegriff aller Tugenden und Weisheit sahen und alles Glück, das ihnen widerfuhr, auf ihn zurückführten, so wurde er auch Oski, d. h. Wunsch, genannt, und da er bekanntlich einen Schimmel reitet, so dürften wir nicht fehlgehen, wenn wir in dem hier weit verbreiteten Aberglauben, beim Anblick eines weißen Pferdes einen Wunsch zu äußern, ein Ueberbleibsel der alten Wotanverehrung vor uns haben.

Als Luftgott segnet Wotan das Feld des Landmanns mit günstiger Witterung und sendet dem Schiffer den ersehnten Oskabyrr oder Wunschwind; als Gott der Weisheit erfand er die Runenschrift und die alle Krankheiten heilenden Zaubersprüche; auch verfaßte er den eddischen Havamal, jenen tiefsinnigen, von großer Klugheit zeugenden Moralkodex der alten Germanen. Außerdem zeichnete er sich als gewandter Räthsellöser aus.

Als Glück verleihender Wunschgott ist Wotan Schöpfer des Heckethalers, des Wunschsäckels, der Wunschwürfel und der Wünschelruthe, welche sämmtlich die Eigenschaft besitzen, ihre Herren stets mit Geld zu versehen. Kein Wunder also, daß ein solcher Gott sich bis auf die heutige Zeit in zahlreichen Märchen und Gebräuchen des Volkes erhalten hat und daß in Deutschland und Skandinavien die Namen vieler Gebirge, Wälder und Seen an ihn erinnern. Sein sicher treffender Speer begegnet uns in den Freikugeln des „Freischütz“, sowie in dem allbekannten „Knüppel aus dem Sack“

wieder;* seine wohlbesetzte Walhallatafel ist zum „Tischlein deck dich“ geworden, und auf seinem Wolkenmantel haben später Faust und Mephisto Luftreisen angetreten. Sein achtfüßiges Pferd finden wir in dem von Halterich aufgezeichneten Märchen: „Der Knabe und die Schlange“** wieder. Als Freund der Jagd fristet er in einigen Gegenden Deutschlands in Gestalt des wilden Jägers ein unheimliches Dasein; doch läßt er zuweilen seiner ursprünglichen Menschenfreundlichkeit dadurch freien Lauf, daß er einem armen Bäuerlein aus der Luft ein Stück Wild zuwirft, daß sich später in Gold verwandelt.

Im wüthenden Heer, das sich in Süddeutschland vor Ausbruch eines Krieges in der Luft vernehmen läßt, zeigt sich Wotan als Kriegsgott, und als „Mann der Berge“, wie er nach seinem Sitz in Walhall genannt wird, ist er zu dem im Kyffhäuser harrenden Barbarossa geworden. Seine christlichen Ersatzmänner als Schimmelreiter sind der heilige Michael, Ritter Georg und Knecht Rupprecht.***

Als proteusartiges Wesen ist uns Wotan auch im Rübezahl, dem Lokalgeiste des Riesengebirges, erhalten worden; ja, es ist seinen alten Eigenschaften dort noch eine neue hinzugefügt worden, indem er nicht nur als segenbringender Gott, dessen Gaben sich in Geld verwandelt und dessen Mantel seine Schützlinge sicher über Berg und Thal trägt, sondern auch als Spaßmacher und Eulenspiegel auftritt, wodurch er, beiläufig gesagt, Menabuscho, dem Nationalgotte der Algokies, auffallend ähnlich geworden ist.

In vorchristlicher Zeit erfreute sich das Pferd göttlicher Verehrung; sein Wiehern wußten die Priester zu deuten und sein Fleisch wurde zu Opferzwecken benutzt und allgemein gegessen. Zu Arkona auf der Insel Rügen stand das Bildniß des Svatovits, des Lichtgottes der Wenden, und hinter demselben waren auf einer hohen Säule Sattel, Zaum und Schwert befestigt. In seinem

---

* Auch in dem griechischen, von Hahn mitgetheilten Märchen „Vom Prinzen und der Schwanjungfrau“ (Griechische und albanische Märchen, I.) sehen wir einen solchen „Knüppel aus dem Sack“.

** J. Halterich, Deutsche Volksmärchen aus Sachsen und Siebenbürgen. 2. Auflage. Wien 1877.

*** Siehe den Aufsatz über das Wunschpferd und seine Reiter in Sepps „Die Religion der alten Deutschen“. München 1890.

eingezäunten Heiligthume hielt man ihm zu Ehren ein weißes, orakelndes Pferd, das nur von Priestern gefüttert werden durfte.

Weil man dem Pferde die Kenntniß verborgener Erdschätze zuschrieb, so erwartete man da, wo es heftig den Boden stampfte, eine unterirdische Quelle oder eine werthvolle Metallader. Die christliche Legende ließ da eine Quelle aufsprudeln, wo ein Heiliger erschlagen worden war. Sonst aber gaben sich die Vertreter des Christenthums die erdenklichste Mühe, den mit dem Pferde verbundenen Aberglauben auszurotten, was ihnen jedoch nur theilweise gelungen ist. Eins aber haben sie erzielt, nämlich die Verpönung des Pferdefleisches, sodaß erst im Anfange dieses Jahrhunderts der Genuß desselben in europäischen Ländern gesetzlich gestattet wurde. Auch hat die christliche Legende den Teufel nicht umsonst mit einem Pferdefuß ausstaffirt und den Glauben verbreitet, es werde bei den Hexentänzen ein Pferdekopf als Geige und ein Katzenschwanz als Bogen benutzt.

Weiße Pferde wurden nach Tacitus von den Germanen in heiligen Hainen gehalten; auch ritten die römischen Kaiser bei ihren Triumphzügen auf solchen.

Ein weißes Pferd war seit Mitte des achten Jahrhunderts das Heerzeichen des Erzbischofs von Köln, dem die Bisthümer von Köln, Utrecht, Münster, Osnabrück, Bremen und Minden unterworfen waren.

Daß der Schimmelreiter Wotan noch heute im Glauben des Volkes lebt, beweist unter Anderem auch der Umstand, daß man in Hessen den Kindern erzählt, das Christkindlein reite am Weihnachtsabend auf einem weißen Pferde von Haus zu Haus, um seine Geschenke abzuliefern.

Auch die hölzernen Pferdeköpfe, die man auf zahlreichen Häusern und Scheunen der Bauern in Nord- und Süddeutschland, in Skandinavien und in einzelnen Theilen Rußlands sieht, lassen auf einen ehemals weit verbreiteten Wotankultus schließen; sie gelten, wie ein anderes Symbol des deutschen Hauptgottes, nämlich das an den Thüren der Viehställe angebrachte Hufeisen, das man so oft auf amerikanischen Farmen bemerken kann, als Talismane gegen Krankheiten der Hausthiere, gegen das Einschlagen des Blitzes und sonstige Unglücksfälle. Am Niederrhein glaubt man ein Kind dadurch von Krämpfen befreien zu können, daß man ihm ein Hufeisen unter das Kopfkissen legt. Läßt man ein Kind aus einem Holzteller essen, in welchen ein Hufeisen eingebrannt ist, so wird es vom Keuchhusten und Erbrechen kurirt; ist das Kind im Zahnen begriffen, so braucht man es nur auf ein Pferd zu setzen, und seine Schmerzen verschwinden. Noch heute nageln unsere Fischer an der atlantischen Küste Hufeisen an ihre Boote, um dieselben gegen Stürme zu schützen.

Zur weiteren Erklärung des mit dem nach Amerika ausgewanderten altdeutschen Wunschschimmel verbundenen Aberglaubens ist nun noch der Speichel zu betrachten, mit dem der Finger benetzt werden muß, wenn der Wunsch Aussicht auf Erfolg haben soll.

Wie das Blut, so ist auch der Speichel ein ganz besonderer Saft. Als die Asen und Wanen Friede geschlossen hatten, spuckten sie zur Bekräftigung ihres Bundes in ein Gefäß und bildeten einen Mann daraus, der Kwasir hieß und ein Ausbund aller Weisheit war. Daß der Speichel eine geheime Heilkraft enthalte, berichtet schon Plinius, der damit Blindheit kuriren zu können glaubte. Im nördlichen Ohio ist man nach einer Mittheilung der Frau Fanny D. Bergen, welche dieser Frage einige auf gründlichem Quellenstudium beruhende Monographien gewidmet hat, der Meinung, daß das unangenehme Gefühl, das sich beim Einschlafen eines Beines bemerklich macht, augenblicklich vergehe, wenn man die Kniekehle mit Speichel einreibe. In Kanada und Württemberg will man das durch schnelles Laufen verursachte Seitenstechen dadurch kuriren, daß man einen Stein aufhebt, dreimal auf die untere Seite desselben spuckt und ihn dann wieder an seinen Platz zurücklegt. Welche ausgedehnte Heilkraft die Irländer ehemals dem Speichel zuschrieben und theilweise noch jetzt zuschreiben, davon weiß Lady Wilde in ihrem Buche: „Ancient Legends and Superstitiones of Ireland“ Ausführliches zu berichten. Die echten Irländer spucken heute noch auf Alles, von dem sie eine schlimme Wirkung befürchten, und sagen dazu: „God bless it!“

Die Eingeborenen von Victoria und Britisch-Columbia glauben, daß, wenn man einen Mund voll Wasser auf eine kranke Person spucke, dieselbe gesund werde; selbst Blinde wollen sie dadurch von ihrem Uebel befreien. Auch viele Eskimo-Märchen wissen von der Heilkraft des Speichels zu erzählen.

Einige Amerikaner spucken aus, wenn sie einem Neger begegnen, weil dies Glück bringen soll; die Neger sagen, wenn man vom Unglück verschont sein wolle, so brauche man nur gegen den Wind zu spucken. Wer in New-Brunswick unter einer an einem Gebäude stehenden Leiter hinzugehen hat, spuckt schnell aus, um einen Unfall zu verhüten.

Wenn die Kinder in Massachusetts etwas verloren haben, so spucken sie in eine Hand, schlagen mit dem Zeigefinger der andern darauf und marschiren dann nach der Richtung, in welcher der Speichel fliegt, um das Vermißte zu suchen. Dabei singen sie:

„Spit, spat, spo,
Where 'd that go?“

Die Ballspieler in New-Hampshire machten es früher ebenso, wenn sie nicht wußten, wohin ihr Ball geflogen war. Viele amerikanische Fischer spucken, um einen glücklichen Fang zu thun, auf den Köder des Angelhakens; demselben Gebrauche huldigen auch die Japanesen. Manche Leute, besonders die Irländer, bespucken das an einem Tage zuerst erhaltene Geldstück, denn sie glauben, dasselbe würde dadurch bald Kameraden erhalten.

Nach einem im „Journal of American Folk-lore“ veröffentlichten, aus der Feder des bekannten Ethnologen Brinton stammenden Artikel herrschte früher in Pennsylvanien der Gebrauch, auf neue Stiefel, die man zum ersten Male angezogen, zu spucken, damit sie die Füße nicht drückten; besorgte dies jedoch ein Anderer, so wurde das Gegentheil erzielt, weshalb dann die mit neuen Stiefeln versehenen Knaben die Gesellschaft ihrer Gespielen eine Zeit lang zu meiden pflegten.

Wenn der Handwerker einmal gründlich an die Arbeit gehen will, so spuckt er vorher in die Hand; dasselbe thut auch der Faustkämpfer, ehe er zum wuchtigen Schlage ausholt, denn Alle sind der Ansicht, sich durch diese unappetitliche Vorbereitung einer besonderen Kraft und Geschicklichkeit versichern zu können.

„Mit Geduld und Spucke
Fängt man eine Mucke“

reimt der ähnlich denkende Hesse. Selbst die berühmten Lalenburger oder Schildbürger kannten das Stärke verleihende Handspucken und wandten es auch einmal bei einer höchst unpassenden Gelegenheit an. Sie hatten nämlich einen Brunnen gegraben und wollten gerne ausfinden, wie tief derselbe sei. Da sie nun nicht im Besitze eines Senkbleies oder eines anderen Meßinstrumentes waren, so beschlossen sie in ihrem hohen Rathe, eine Stange quer über die Brunnenöffnung zu legen; an derselben mußte sich dann der stärkste Schildbürger halten, währenddem ihm die anderen der Reihe nach nachkletterten und sich an den Füßen ihres Vordermannes festklammern mußten, um so den Grund des Brunnens zu erreichen und dessen Tiefe auszufinden. Als nun der vierte oder fünfte in dem Brunnen hing, wurde dem ersten die Last doch etwas zu schwer, weshalb er die anderen bat, sich fest zu halten, da er in die Hände spucken wolle. Wie viele Glieder die nun in die Tiefe stürzenden Schildbürger gebrochen haben, davon vermeldet die Chronik nichts.

Wir haben nun gesehen, welche Bewandtniß es mit unserem Wunschschimmel hat und welche weite Reise derselbe machen mußte, um in Amerika ein Unterkommen zu finden. Wer ihm also begegnet, der versuche ruhig sein Glück, er spucke in die Hand, wünsche sich etwas Gutes und zähle auch, wie dies in Massachusetts vorgeschrieben ist, von eins bis hundert dabei, und wenn er dann erfolgreich gewesen ist, so theile er es mir gefälligst mit, damit ich mir einen reichen amerikanischen Partner suchen kann, um die Schimmelzucht im Großen betreiben zu können. Doch ich hörte einmal einen biederen deutschen Landmann die Frage aufwerfen: „Man schneuze sich in eine Hand — eigentlich drückte er sich noch viel derber aus — und in die andere wünsche man sich hundert Thaler; in welcher hat man nun das meiste?“

Die Antwort auf diese Frage dürfte nicht allzuschwer sein.

Doch wir sind mit unserem Wunschschimmel noch nicht fertig.

Wer in Böhmen* ein weißes Pferd im Stalle hat, ist schon glücklich, und in einigen Gegenden Deutschlands glaubt man schon dadurch Anwartschaft auf die Erfüllung seiner Wünsche zu haben, daß man von einem solchen Thiere träumt, was sicherlich die bequemste und billigste Weise wäre, in den Besitz eines unsichtbar machenden Mantels, eines stets treffenden Geschosses, einer langen Lebensdauer, einer liebenswürdigen, allen Ansprüchen genügenden Frau und verschiedener Millionen zu gelangen.

---

* Grohmann, Volksleben in Böhmen und Mähren. Prag 1864.

Im Staate Indiana ist jedoch, wie mir verschiedene weise Frauen von Evansville mitgetheilt haben, die Realisirung des beim Begegnen eines Schimmels geäußerten Wunsches noch mit einem erschwerenden Umstand verknüpft, der rein vom Zufall abhängig ist und daher auch die Rentabilität einer Schimmelfarm ernstlich in Frage stellt.

Der Schimmel allein thut es nämlich nicht. Hat man wirklich einen solchen gesehen und bemerkt nicht gleich darauf eine rothhaarige Jungfrau, bei deren Anblick man erst seinen Wunsch zu äußern hat, so hätte man gerade so gut einem Esel oder einem Nachtwächter begegnen können.

Das rothe Haar hat nun, wie zahlreiche Sprüchwörter beweisen, durchaus keinen empfehlenswerthen Ruf. „Rothes Haar und Erlenholz wachsen nicht auf gutem Grund", heißt es; auch reimt man:

„Rothbart,
Teufelsart."

Die in den Märchen auftretenden Rothbärte stiften meistentheils Unheil an, weshalb sich zuweilen ein Mann mit grauem Mantel, Wotan nämlich, in ihrer Nähe aufhält, um den von diesen Höllengeistern unschuldig Verfolgten schnell seinen Schutz angedeihen zu lassen.

Nach einem französischen, aus dem 17. Jahrhunderte stammenden Reimspruche soll man, wenn man in die Nähe eines rothhaarigen Menschen kommt, schnell drei Steine in die Hand nehmen, um sich wirksam vertheidigen zu können; gewisse französische Dichter sind jedoch so galant, die Rothköpfe als Sinnbild der Sonne hinzustellen und ihnen eine höhere Intelligenz als den anders Behaarten zuzuschreiben.

Nach einem italienischen Sprüchworte bewegen sich die Rothköpfe immer in Extremen, entweder sind sie ein verheerendes Feuer oder die verkörperte Sanftmuth. In unserem Falle wollen wir nun das Letztere annehmen.

Wie uns nun der Schimmel an den deutschen Wunschgott Wotan, dessen Name uns in dem englischen Wednesday erhalten ist, erinnert, so dürften wir nicht fehl gehen, wenn wir uns durch den glückverheißenden Rothkopf an einen anderen deutschen Gott, nämlich an Thor, der in unserem Donnerstag und im englischen

Thursday fortlebt, erinnern ließen. Als Gott des Donners und überhaupt aller athmosphärischen Vorgänge ist Thor Beförderer des Landbaues und somit der Civilisation. Damit er als Blitzgott würdig auftreten kann, hat er sich einen langen, feuerfarbenen Bart wachsen lassen; um ihn nun deshalb bei den frommen Christen in Mißkredit zu bringen, hat man schnell auch dem Verräther Judas rothes Haar angedichtet, was ihn wohl so sehr geärgert haben mag, daß er in Verbindung mit seinem Vater Wotan die Wünsche der Christen nicht mehr erfüllen hilft, wodurch er auch allmählich in Vergessenheit gerathen ist. Mancher Germane flucht allerdings heute noch ein lautes Kreuzdonnerwetter, wenn ihm eine Sache schief geht; daß aber dieses Kraftwort seinen Ursprung in Thors kreuzförmigem, Blitz und Donner hervorrufenden Hammer hat, weiß er nicht mehr.

Der Volksglaube kennt übrigens noch viele andere Mittel, um zur Erfüllung eines Wunsches zu gelangen; doch will ich nur eins anführen, und zwar deshalb, weil ich es in meiner Kindheit mehrmals selber versucht habe und mithin die Wirkung desselben genau kenne. Wenn man, so lautet nämlich der im Lahnthale allgemein bekannte Aberglaube, eine der langbeinigen Mauerspinnen fängt, sie auf das entblößte Knie setzt, und sie läuft dann im Kreise um dasselbe herum, so wird es Einem in der Welt stets gut gehen. Die Spinnen, die ich und auch die anderen Knaben auf das Knie setzten, schienen sich jedoch unseren Dank nicht verdienen zu wollen, denn sie eilten geraden Weges dem Fuße zu, sodaß sie mit den Fingern gewaltsam um das Knie geleitet werden mußten, was sicherlich unsere Aussichten auf etwaiges späteres Glück empfindlich beeinträchtigt hat. Wenigstens habe ich in meinem ganzen Leben noch keine begründete Veranlassung gehabt, den langbeinigen Mauerspinnen Deutschlands ein Danklied zu singen oder ihnen zu Ehren in Amerika ein Freudenfeuer anzuzünden.*

Das Wort F r e u d e n f e u e r bringt uns nun auf ein anderes Thema. Es heißt auf englisch bonfire, und die gewöhnlichen

* Auch in Kanada hält man die Spinnen für Glück bringende Thiere, weshalb man sie selten tödtet. — Der alte Notar in Longfellows „Evangeline“, der Geschichten vom loup-garou (Werwolf) und dergleichen zu erzählen wußte, erwähnt auch: „How the fever was cured by a spider shut up in a nutshell“.

Wörterbücher lassen die erste Silbe französischen Ursprungs sein. Erst die neueren Lexika geben die richtige Etymologie, indem sie es von bone fire, wie es auch in früheren Jahrhunderten geschrieben wurde, ableiten, wonach es also Knochenfeuer (ignis ossium) bedeutet.

In den Knochen, dem festesten Theile des menschlichen Körpers, sollte die Seele wohnen. Wie in dem zweiten Buche der Könige nachzulesen ist, so erwachten die Knochen des Propheten Elias zu neuem Leben und richteten sich auf, als sie von einem Soldaten berührt wurden.

Auch in dem deutschen Märchen vom Wachholderbaum nehmen die Knochen des ermordeten Knaben wieder Fleisch und Blut an. Knochen bilden heute noch die Hauptwerkzeuge der Zauberer, besonders jener der Aboriginalvölker; auch glauben noch viele Katholiken, daß dieselben mit geheimen Heilkräften gefüllt seien, weshalb sie denn auch dabei ihre mit reichen Opferspenden verknüpfte Andacht verrichten. In diesem Falle müssen die Knochen jedoch von anerkannten Heiligen sein.

In gebildeten amerikanischen Kreisen sieht man häufig, daß zwei Personen einen gewissen, wishbone genannten und an die Gestalt einer Wünschelruthe erinnernden Knochen einer Gans, Ente oder eines Huhnes zerbrechen; derjenigen, welcher dabei der größte Theil in der Hand bleibt, wird der während des Ziehens gedachte Wunsch erfüllt.

Die Knochenfeier (bone fires) war früher in England gang und gäbe, und wie im dreiundzwanzigsten Heft des „Journal of American Folk-lore“ erzählt wird, so werden noch heute an einigen Plätzen Irlands am 23. Juni, also zur Zeit der Sonnenwende, auf dem Felde Holzfeuer errichtet, in welchem die während eines halben Jahres angesammelten Knochen verbrannt werden. Die Leute knieen alsdann rings um das Feuer und beten den Rosenkranz; ist es am Erlöschen, so springen die Kinder durch dasselbe. Der eigentliche Ursprung dieses Gebrauches ist bis jetzt noch nicht erforscht worden.

Daß die heutigen bonfires Amerikas europäischen Ursprungs sind, ahnen die jungen Veranstalter derselben nicht. Wenn die Kinder einiger Städte in New-Hampshire jährlich am 5. November mit lärmender Musik durch die Straßen ziehen, Kürbislaternen tragen, die Klingeln an den Häusern in Bewegung setzen und ein großes Feuer anbrennen, so wissen sie nicht, daß sie eigentlich den sogenannten Guy Fawkes day Altenglands feiern, nämlich den Tag zur Erinnerung an die Entdeckung der Verschwörung, deren Mitglieder das Parlament mit Pulver in die Luft sprengen wollten.

Der auch in Amerika verbreitete Gebrauch, am 1. November (holowe 'en) Freudenfeuer anzubrennen, stammt von den keltischen Druiden Englands her, die bei ihrem Samhin (Freudenfeuer) alle Streitigkeiten zu schlichten pflegten.

Die meisten bonfires in Amerika werden nach Schluß der politischen Wahlen angebrannt, und man sehe sich alsdann bei Zeiten vor, daß Einem die patriotischen Jungen nicht die Gartenthür oder den ganzen Zaun fortschleppen und zur Fütterung des Feuers benutzen. Die einzigen Personen, die sich bei dieser Gelegenheit von Herzen freuen, sind die erfolgreichen Bewerber um ein öffentliches Amt; für diese sind die bonfires wahre Geldfeuerchen, die ihnen einen lange gesuchten Schatz anzeigen.

Im Allgemeinen aber muß Jeder, der sich nach Erfolg sehnt, sich die Lehren der alten hausbackenen Sprüchwörter zu Gemüthe ziehen, und eines derselben wollen wir, da es mythischen Ursprungs ist und es uns Gelegenheit giebt, noch einen Bewohner Asgards flüchtig kennen zu lernen, näher beleuchten. Dasselbe heißt:

„Morgenstunde
Hat Gold im Munde."

Der Sinn dieser wohlbekannten Maxime ist einfach der, daß Derjenige, der sich zeitig und frisch an die Arbeit begiebt, auf Belohnung seiner Anstrengung und seines Fleißes rechnen darf.

Von den meisten Völkern wird die Morgenröthe mit Gold oder dessen Schein in symbolische Verbindung gebracht. Nach der schwedischen Sage fällt der Sonne, wenn sie lacht, ein Goldring aus dem Munde; Aehnliches berichten rumänische, norwegische und dänische Sagen. Simrock bezieht unseren Spruch auf Heimdall, den goldzahnigen Himmelswächter der Germanen. Derselbe bedurfte so wenig Schlafes, wie ein Vogel; er hörte das Gras auf der Erde und die Wolle auf den Schafen wachsen. Als Beherrscher des Regens wird er auch Rigr, Gott der Fruchtbarkeit und des Reichthums, genannt. Wenn sich Feinde der Götterburg nahen, stößt er in sein Horn, um die Asen zu wecken; seine Mußestunde aber füllt er wie ein ächter deutscher Gott mit Trinken aus, und da er sich dazu desselbigen Hornes bedient, so dürften sich die deutsche Redensart „eins blasen“, sowie die englische „to take a horn“ von selber erklären.

Das Trinken bildete bei den alten Deutschen ein überaus wichtiges Geschäft, sowohl bei religiösen, wie gerichtlichen Versammlungen. W. Kolbe erzählt in seinem interessanten Werke: „Hessische Volkssitten und Gebräuche“ (Marburg 1886) von einer alten Versammlungsstätte, welche heute noch Plotzgarten genannt wird. Dieser Ausdruck steht mit dem altdeutschen Zeitwort blozan und dem angelsächsischen blotan in Verbindung, welch Beide „opfern“ bedeuten. Daß nun bei dem Opfern getrunken wurde, geht daraus hervor, daß man in der hessischen Lahngegend einen gewöhnlichen Steinkrug, in dem bei Dorffestlichkeiten Branntwein herumgetragen wird, Plotzkrug nennt.

Wir sind nun auf dem Gebiete der Sprüchwörter und Redensarten angelangt. Dieselben beziehen sich auf alle erdenklichen Lagen und Verhältnisse des menschlichen Lebens; sie strafen und trösten, weinen und lachen, loben und verspotten und sind stets so kurz gefaßt, daß sie Jedem leicht im Gedächtniß haften bleiben. Sie bilden die eigentliche Philosophie des gemeinen Volkes, das sie je nach seiner Anschauungs- und Lebensweise in charakteristische Worte gekleidet hat. Sie beziehen sich auf die Gestalt der einzelnen Körpertheile und deren Thätigkeiten; auf das Wetter und dessen Einfluß auf Landbau und Jagd; auf einzelne Festlichkeiten und die dabei üblichen Gebräuche, auf Glück und Unglück bringende Zahlen und Tage, auf Speisen und Getränke und deren Wirkung auf den Körper.

Wenn der junge Tschimschi-Indianer in Britisch-Columbia zu flott lebt und alle Lehren und Warnungen in den Wind schlägt, so sagt man, er wolle mit allen Zähnen in dem Munde sterben, um damit anzudeuten, daß er bei seinem lockeren Leben kein hohes Alter erreicht.

Wenn der amerikanische Jüngling „seiner Rohheit den Maulkorb abnimmt“ und glaubt, er nur allein habe auf der Welt zu befehlen, dann wird ihm prophezeit, er werde in seinen Stiefeln sterben, d. h., sein Ende am Galgen finden. Die Franzosen sagten früher, wer seiner Mutter nicht folgen wolle, müsse dem Kalbfell folgen, d. h., er müsse Soldat werden und der Trommel folgen.

Der Tschimschi-Indianer, der die Nahrungsmittel mißachtet und verschwenderisch damit umgeht, wird gefragt, was er dann zu thun gedenke, wenn die Sonne auf die Nordseite der Bäume scheine, womit er auf den Winter und den damit verknüpften Nahrungsmangel hingewiesen wird.

Nahrungsmangel ist bei den fleißigen Deutsch-Pennsylvaniern ein unbekannter Begriff; auch sind sie leicht zu befriedigen.

„Sauerkraut und Speck
Treibt alle Sorgen weg"

reimen sie, wenn sie der Winter in ihre Farmhäuser gebannt hat. Haben sie dann noch, wie dies meistens der Fall ist, ein Glas selbstgekelterten Apfelweins zur Verfügung, dann tauschen sie nicht mit dem Präsidenten der nordamerikanischen, noch einer anderen Republik. Freunde vom vielen Wassertrinken sind sie nicht; die Tomatoes nennen sie in Cambria County wegwerfend „Methodisten", und als ich einst einen Bewohner dieser Gegend nach dem Ursprung dieses sonderbaren Ausdrucks fragte, erwiderte er: „Die Tomatoes gebrauchen viel Regen, wenn sie gedeihen sollen; da nun die meisten Methodisten Temperenzler sind und nur Wasser trinken, so haben wir jene Nährpflanze auf ihren Namen getauft."

Amerikanische Kinderreime

Volks- und Kinderreime aus New-York.

1.

Acker backer
Soda cracker.
I love you.
Acker backer
Sweet cracker
One — one — two.

*

2.

Ain't you mean?
You stole my ring,
You made my heart do
Tingl — a — tingl — aling.

*

3.

Kitty is mad,
And I am glad,
And I know what to please her.
A bottle of wine
To make her shine,
And a nice little nigger to squeeze her.

*

4.

Johnny had a fiddle,
He cut it in the middle
And — a — one — two — anel ago.

*

5.

A doctor is a gentleman
Whom we pay three dollars a visit,
For advising us to eat less
And exercise more.

*

6.

One — two — three — four — five —
I caught a fish alive.
Why did you let i go?
Because he bit my little toe.

*

7.

'T is raining,
'T is dropping,
The old man is hopping.

*

8.

Here comes a lighter to light you to bed,
Here comes a chopper to chop off your head.
Last — last — chop!

*

9.

Look up there
Look down here,
See a little monkey
Sitting on a chair.

*

10.

My father has a horse to shoe,
How many nails were in that shoe?

*

11.

My mother uses
Pepper, salt, mustaw, cider,
Vinegar — vinegar — vinegar.

*

12.

Rain, rain goaway,
Come one another washing-day,
Little Annie wants to play.

*

13.

Chou — chou — chou —
Ching — ching — ching —
Chinaman, chinaman,
Wou — wou — wou!

*

14.

I — o —
Gipsy's toes,
Give her a kick
And away she goes.

*

15.

Have you got a sister?
„Yes."
A black man kissed her.

*

16.

The queen was in the parlor,
Counting out her money;

Jack was in the kitchen,
Eating bread and honey;
The maid was in the garden,
Hanging up the clothes;
Down came a blackbird,
Picking off her nose.

*

17.

Knock at the door,
Nobody comes,
Knocked at the window,
Broke a pan of glass,
Down came a watchman,
Sliding on his —

*

18.

Five little squirrels
Sitting in a tree;
This one said: „What do I see?“
This one said: I see a gun.“
This one said: „Come, let us run’.“
This one said: „No, let us hide!“
This one said: „I am not afraid.“
Popp goes the gun,
And away they all run.

*

19.

A horse ran away
Down Broadway.

Who let it run?
Johnny, catch a gun.

*

20.

I had a little doll,
I stuck it in the wall,
That 's all.

*

21.

What comes after fifty nine?
„Sixty."
Your father drinks whisky.
What comes after twenty nine?
„Thirty."
Your face is dirty.

*

22.

Nigger, nigger never die,
Black face and Chinese's eye.

*

23.

Gipsy lives in a tent,
Can 't afford to pay her rent.

*

24.

A little boy was so cross,
So cross and cross that he turned into a vinegar-bottle.

*

25.

He asks for —
Is — in?
She is not in,
She is not out,
She is in her skin.

*

26.

Water, water, wild flower
Growing up so high,
We are all young ladies,
And we are sure to die,
Excepting — —

She is the finest flower,
Wive your shame,
Turn your back,
And tell your beau's name.

— —
— is a fine young man,
He comes in the door with his hat in his hand.

*

27.

Little redbird in a tree,
In a tree,
In a tree,
Little redbird in a tree,
Sing a song to me.

*

28.

Fish in the water,
Hear what I say,
Could I but swim like thee,
Could I but swim like thee,
Hey — hey — hey —
I haste away.

*

29.

Old Jim Brown was a funny old man,
He washed his face with a frying pan,
He combed his hair with a wagon wheel,
And died from tooth-ache in his heel.

*

30.

Aina, maina, mina, mo,
Catch a nigger by the toe,
If he hollers let him go,
Aina, maina, mina, mo.

*

31.

I am a huckleberry,
She is a pudding,
She asked me to marry her,
And I said I could 'ut.

*

32.

Two, two, two,
Buckle my shoe;
Four, four four,
Knock at the door;
Six, six, six,
Pick up sticks;
Eight, eight, eight,
Lay them straight;
Ten, ten, ten,
A big fat hen;
Twelve, twelve, twelve,
We shall delve;
Fourteen, fourteen, fourteen,
The maids are courting.

*

33.

One, two, tree,
Mother caught a flea.
Flea died,
Mother cried,
One, two, tree,
Out goes she.

*

34.

What 's your name?
„Putten tame."
What 's your number?
„Cucumber."
Where do you live?
„In a lane."
Where was you born?
„In the cow's horn."

*

35.

I hit you in the ear
With a glass of beer;
I hit you in the eye
With a pumpkin pie.

*

36.

I tisk it,
I task it,
A green and yellow basket,
I sent a letter to my lover,
And on the way I dropped it,
Dropped it, dropped it.

*

37.

The farmer in the dell,
Hey — o — the cherry — o,
The farmer in the dell.

The farmer takes his wife,
Hey — o — the cherry — o,
The farmer takes his wife.

The wife takes the child,
Hey — o — the cherry — o,
The wife takes the child.

The child takes the dog,
Hey — o — the cherry — o,
The child takes the dog.

The dog stands alone,
Hey — o — the cherry — o,
The dog stands alone.

*

38.

One little piggy went to market,
The other little piggy staid home,
The other little piggy had roast — stake,
The other little piggy had none,
The other little piggy went whee — whee — whee.

*

39.

Your mother,
My mother
Live across the way,
One step higher
In Broadway.

*

40.

Pussy in the ban — box
Don't you hear him holler?
Take him to the station house,
And make him pay a dollar.

*

41.

As I went up the Silver Lake,
I met a little rattlesnake,
It ate too much of jelly cake,
That made its little belly ache.

*

42.

Hay is for horses,
Seed (?) is for cows,
Milk is for babies,
None for the sows.

*

43.

I got ten little fingers,
And ten little toes,
A sweet little mouth,
And a red little nose.

*

44.

I had a little doll,
Her name was „hat“,
She would' ut wash the dishes,
She would' ut sweep the floor,
And she would' ut keep out of the candy store.
I made her wash the dishes,
I made her sweep the floor,
I made her keep out of the candy store.

*

45.

One for good measure,
Two for good treasure,
Three for the old cat
To die down dead.

*

46.

The butcher, the baker,
The candlestick maker,
The all jumped over a rotten potato.
A high swing,
A low swing,
A swing to get off forever —
Forever — forever.

*

47.

Here 's three butchers, three by three,
Call your daughter Emily.

We can 't have a lodger here — o — here.
Here 's three sailors, three by three,
Call your daughter Emily.
We can 't have a lodger here — o — here.

*

48.

I had a little dog,
His name was snuff,
I sent him to the store
For a penny's worth of snuff.
He spilled my snuff
And broke my box,
And he would' ut bite you — or you — or you.

*

49.

Here comes a crowd of jolly sailor boys
Who lately came on shore;
Hey spent their time in drinking lager beer
As they have done before,
As we go round — and around — and around,
As we go round once more.
And this is the girl, and a very pretty girl
Wo lately came on shore.

*

50.

There was a little girl,
She had a little curl,
It grew further — further — further
To her nose.

*

51.

I know something I won 't tell.
Three little niggers in a peanut shell;
One can sing,
The other can dance,
The third can sew a pair of pants.

*

52.

As I went up the silver steeple,
There I met some crazy people,
Some were white,
Some were black,
Some were o' the color of a ginger snap.
O — u — t spells „out",
With a dirty dish towel
Turned inside out.

Volks- und Kinderreime aus dem Staate Indiana.

1.

Rain before seven
Will clear up at eleven.

*

2.

One, two, three, four, five, six, seven,
All good children go te heaven.

*

3.

As I went up the hickory steeple,
There I met some funny people,
Some were white and some were black,
And some were the colore of a ginger snap.

*

4.

As I climbed up the apple tree,
All the apples fell on me;
Bake a pudding, bake a pie,
Did you ever tell a lie?
Yes, you did, you know you did,
You broke your mother's tea — pot lid.
L — i — e spells „lie".

*

5.

See a pin and pick it up,
And all day you'll have good luck.
See a pin and let it lay
Bad luck you'll have all the day.

*

6.

There comes an old lady from Germany,
Germany, Germany,
With all her daughters around her,
One can knit, the other can sew,
Another can make a pretty white rose;
Say, won't you have one of my daughters?
I take the fairest one I can see,
I can see, I can see,
And — may come with me.

*

7.

Poor Robin was dead and lay in his grave,
Oh, oh, oh!

There grew a fine apple — tree over his head,
Oh, oh, oh!
The apples were ripe and beginning to fall,
Oh, oh, oh!
There came an old lady and picked them up,
Picked them up,
There Robin got up and gave her a thump,
Gave her a thump,
Which made the old lady go hippoty — hop,
Oh, oh, oh!

*

8.

Red, white, blue,
Your dady is a Jew.
Red, white, black,
Your dady is a Jack.
Red, blue, white,
Your daddy smokes a pipe.

*

9.

Speak to my back,
My face is engaged;
I 'm a young lady,
And you 're an old maid.

*

10.

Joe, Joe
Broke his toe,
On the way to. Mexico.

When he came back
He broke his back
On the big railway track,

11.

Scherzfrage.

When does a rabbit sit on a stump?
When the tree is cut down.

*

12.

Räthsel.

Up it goes white,
And down it comes yellow.
(Ei.)

*

13.

Twinkle, twinkle little star,
I took a ride on the cable car;
The cable car ran off the track,
I wish I had my nickle back.

*

14.

Evansville is out of sight,
It got a car and electric light,
Tara — boom — de — ay.

*

15.

I had a little dog,
His name was Jack;
I put him in the stable,
He jumped through the crack.

*

16.

I had a little dog,
His name was Rover,
And when he died,
He died all over.

*

17.

Nigger, nigger never die,
Black face and china eye,
Crooked nose,
Crooked toes,
That's the way the nigger goes.

*

18.

I got the key,
You got the lock,
I can trade back
And you cannot.

*

19.

Fritz, Fritz,
Kartoffelschnitz!
Ei, ei,
Kartoffelbrei!
(Pennsylvanisch-deutsch.)

*

20.

Papa!
What?
Stick your head in a coffea — pot,
And drink it out red hot.

*

21.

Papa!
Hm?
Piggs say „hm!“

*

22.

Mrs. Martin went up town
With a load of hay.
Mr. Martin came in a cart
And blew them all away.

*

23.

My mother and father
Have gone to bed,

And left me up
To make huckleberry — bread,
So up the hill,
And down the hill,
Sweet — sour.

*

24.

My wife and I crossed the river
On a hickory log;
My wife fell in,
The dog got wet;
We held on a little brown jug,
You may bet.

*

25.

Harrison came along and spit in the gutter;
Cleveland came along and licked it up for apple — butter.

*

26.

Harrison is in the white House,
Drinking wine and pop;
Cleveland is in the alley,
Drinking up the slop.

*

27.

Harrison is in the white House,
Cleveland is in the black;

Harrison comes out the frout door,
Cleveland comes out the back.

*

28.

Scherzfrage.

Did you wash your eyes out in the morning?
Yes.
How did you get them in again?

*

29.

Do you like jelly?
Yes.
A punch in your belly,
Do you like bread?
Yes.
A punch in your head.
Do you like toast?
Yes.
A punch in your nose.

*

30.

April 's done past,
And you are the biggest fool at last.

*

31.

How to spell New-York.
A knife and a fork,

And a bottle with a cork —
New-York.

*

32.

Listen, listen,
The cat is p —
Where, where?
Under the chair.
Run, run,
Get the gun.
O pshaw!
She is done.

*

33.

Scherzfrage.

You know who is dead?
Who?
A louse ou your head.

*

34.

Bucket of wheat,
Bucket of rye,
Who ain 't ready
Holler I!

*

35.

Harrison is a dandy,
Stuffed with candy,
Cleveland is rotten,
Stuffed with cotton.

*

36.

Dead rats
And pickled cats
Are good for the Democrats.

*

37.

Ice cream and sugar lumps
Are good for the Republicans.

*

38.

I know something I won 't tell,
Three little niggers in a peanut shell;
One can sing,
One can dance,
The other can sew a pair of pants.

*

39.

Tell — tale — tit,
Your tongue shall be split,

And every dog in our town
Shall have a little bit.
(P. 121 Voodoo Tales, by M. Owen.
New-York 1893.)

*

40.

Jack sold his gold egg
To a rogue of a Jew,
Who cheated him out
Of the half of his due.

*

41.

Old Humpty is dead and laid in his grave,
Laid in his grave,
Laid in his grave,
Old Humpty is dead and laid in his grave,
Oh, oh, oh!

There grew an old apple — tree over his head,
Over his head,
Over his head,
There grew an old apple — tree over his head,
Oh, oh, oh!

The apples were ripe and ready to fall,
Ready to fall,
Ready to fall,
The apples were ripe and ready to fall,
Oh, oh, oh!

There came an old woman hippity top,
Hippity top,

Hippity top,
There came an old lady hippitop,
Oh, oh, oh!

She gathered the apples up flippity top,
Flittity top,
Flittity top,
She gathered the apples up flippity top,
Oh, oh, oh!

Poor Humpty woke up and gave her a knock,
Gave her a knock,
Gave her a knock,
Poor Humpty woke up and gave her a knock,
Oh, oh, oh!

*

42.

Whatever happens twice,
Will happen thrice.

*

43.

Ana, mana, mona, mike,
Barcelona, bona, strike,
Hare, ware, frowre, frack,
Hallico, ballico, we, wo, wack.
You are out.

*

44.

When I was a baby,
A baby,
'T was this way and that way.
(Die Augen werden mit den Händen gerieben.)

When I was a school — girl,
A school — girl,
'T was this way and that way.
(Die Backen werden mit den Händen geschlagen.)

When I was a maiden,
A maiden,
'T was this way and that way.
(Die Haare werden gelockt.)

When I did get married,
Get married,
'T was this way and that way.
(Die Haare werden gekämmt.)

When I was a grandma,
A grandma,
'T was this way and that way.
(Das Tabakschnupfen wird nachgeahmt.)

*

45.

Zauberspruch zur Vertreibung des Gerstenkorns am Auge.

Sty, sty in my eye,
Go to the next that passes by.
(Siehe P. 112 vol. VII Journal of American Folk-lore.)

*

46.

Bread and butter,
Come to supper.

*

47.

Quarrel, quarrel go away,
Come along some other day.

*

48.

A rainbow in the morning,
Sailor, take warning;
A rainbow at night
Is the sailor's delight.

Zeitfracht Medien GmbH
Ferdinand-Jühlke-Straße 7
99095 Erfurt, Deutschland
produktsicherheit@kolibri360.de